AF533118

S
V
H

PROPÄDIX

Unterrichtsmaterialien für den Pädagogikunterricht

Hrsg. von Eckehardt Knöpfel und Carsten Püttmann

Band 23

Kohlbergs Modell der Moralentwicklung. Von Piaget zur Just-Community

Schüler*innenband

Von

Kerstin Waßenberg

Schneider Verlag Hohengehren GmbH

Umschlaggestaltung: Simone Spörckmann

Quellenangabe des Titelfotos: © panthermedia / evellean

Leider ist es uns nicht gelungen, die Rechteinhaber aller Texte und Abbildungen zu ermitteln bzw. mit ihnen in Kontakt zu kommen.
Berechtigte Ansprüche werden selbstverständlich im Rahmen der üblichen Vereinbarungen abgegolten.

Bibliografische Information der Deutschen Nationalbibliothek

Die Deutsche Nationalbibliothek verzeichnet diese Publikation in der Deutschen Nationalbibliografie; detaillierte bibliografische Daten sind im Internet über ›http://dnb.dnb.de‹ abrufbar.

ISBN 978-3-8340-2204-2: Band für Lehrerinnen und Lehrer
ISBN 978-3-8340-2203-5: Band für Schülerinnen und Schüler
Schneider Verlag Hohengehren, 73666 Baltmannsweiler
Homepage: www.paedagogik.de

Printed in Germany. Druck: Format Druck, Stuttgart

Inhaltsverzeichnis

Vorwort der Reihenherausgeber

Liebe Kolleginnen und Kollegen!

Propädix ist eine Schulbuchreihe für die Fächer der pädagogischen Fächergruppe (Erziehungswissenschaft(en)/Pädagogik/Sozialpädagogik/Sozialwesen/Erziehungskunde/etc.), die in loser Folge methodisch gestaltetes Material für Ihren Unterricht zur Verfügung stellen möchte. Dabei werden die Hefte jeweils unterschiedliche Akzentsetzungen haben. Einige Bände richten sich wegen der darin enthaltenen didaktischen Vorschläge vorrangig an Sie als Pädagogiklehrer*innen, andere sind eher als Schülermaterial zu bezeichnen. Aber letztlich entscheiden immer Sie, wie die Bände eingesetzt werden sollen. Dass auch Benutzer*innen in den fachdidaktischen Seminaren der Hochschulen wie in den Fachseminaren Pädagogik/ Sozialpädagogik der Studienseminare und der Zentren für schulpraktische Lehrerausbildung hier Anregungen finden, bleibt zu hoffen. Das Gleiche gilt selbstverständlich auch für die Kolleg*innen affiner Fächer.

Propädix bietet mehr als Einzelinformationen über zeitgemäße Erziehung und Bildung. Die Reihe ist den Grundgedanken einer aufklärerischen, emanzipatorischen Pädagogik und damit dem klassischen Bildungsgedanken verbunden. Die Bände wollen den Schüler*innen – altersstufengerecht – zu mehr pädagogischer Kompetenz und Verantwortung verhelfen. Der Name **Propädix** unterstreicht, **dass Wissenschafts- und Handlungspropädeutik zu den Grundprinzipien des Arbeitens im Pädagogikunterricht** gehören. Durch den Umgang mit den Materialien sollen primäre Aufgabenbereiche des Faches erreicht werden: Im Sinne der Förderung der Persönlichkeitsentfaltung sowie der Studierfähigkeit entfalten die Schülerinnen und Schüler in der Auseinandersetzung mit paideutischen Aufgaben, Fragen und Problemen immer zugleich auch **allgemeine** kognitive, ethische und soziale Kompetenzen.

Propädix repräsentiert keine durchgängige, sequential strukturierte Schulbuchreihe für die gesamte gymnasiale Oberstufe oder die entsprechenden Bildungsgänge des Berufskollegs/der berufsbildenden Schule. Vielmehr sollen in loser Folge bisher unterrepräsentierte Inhalte und Methoden des Faches zu mehr Geltung gelangen. Darüber hinaus ist es ein wesentliches Anliegen, die verbindlichen Schwerpunktthemen des Zentralabiturs in Pädagogik (vornehmlich im Bundesland Nordrhein-Westfalen) durch einen gediegenen Materialfundus zu vertiefen. Vor dem Hintergrund der momentanen Dürre im Bereich der Schulbuchliteratur für die Sekundarstufe I sollen künftig auch in diesem Bereich Felder besetzt werden.

Propädix ist keiner fachdidaktischen Konzeption des Unterrichtsfachs Pädagogik fest verbunden. Es wird davon ausgegangen, dass die Klammer, die die verschiedenartigen Bände zusammenbindet, durch die fachdidaktische Leistung jeder*s einzelnen Pädagogiklehrers*in gefunden wird. Gerade durch das additive Abarbeiten der behördlich vorgegebenen inhaltlichen Schwerpunkte für das Zentralabitur besteht die Gefahr einer fachdidaktischen Verflachung, der unbedingt begegnet werden muss. Fachdidaktik bedeutet mehr als das Sahnehäubchen, das man draufsetzen kann, wenn das unterrichtliche Konstrukt bereits entstanden ist. Fachdidaktik ermöglicht sachgerechte Reduktion, stellt die Frage nach dem inneren Zusammenhalt, nach den Kompetenzanforderungen und der Legitimation unterrichtlichen Tuns. Im Umgang mit unterschiedlich strukturierten Materialien ist das Fundament einer fachdidaktischen Konzeption unverzichtbar.

Dies gilt besonders für den Begriff Erziehung. Die Beschreibung, Analyse und Bewertung paideutischen Denkens und Handelns kann nicht ohne einen konsistenten, fachlich abgesicherten Erziehungsbegriff erfolgen, der über subjektiv Evidentes hinausgeht. Der Erziehungsbegriff in Klaus Beyers strukturanalytischer Fachdidaktik kann hier eine Hilfe sein, ist aber nur als Angebot zu betrachten: Erziehen sei demzufolge dasjenige soziale Handeln, welches das Dispositionsgefüge des Edukanden in dessen Interesse fördert. Selbstverständlich gilt das für den Erziehungsbegriff Geforderte auch für den Bildungsbegriff. Im Anschluß an Erich E. Geissler wird Bildung verstanden als Ermöglichung eines kognitiv und moralisch verantworteten Selbst- und Weltverständnisses, was den Willen zum "freien und zugleich selbstverantwortlichen Sich-selber-bilden-Wollen, einschließt. Bildung wird so bei Geissler zur zentralen

„anthropo-ontologische Kategorie“. (siehe dazu auch Didactica Nova Band 27 – „Erziehung“ – und Band 29 – „Bildung“, beide hg.von Carsten Püttmann)

Der hier vorliegende **Schüler- und Lehrerband Band 23** nimmt ein Thema auf, was in fast allen Bildungsplänen aller Bundesländer im allgemein- wie im berufsbildenden Schulwesen vorgesehen ist. Er trägt den Titel „Kohlbergs Modell der Moralentwicklung. Von Piaget zur Just-Community“. Wie bei nahezu allen Bänden dieser Reihe wird es neben dem Schülerband wieder einen gesonderten Lehrerband geben, der den Kolleg*innen einen Überblick über die inhaltlichen Anforderungen der Thematik bietet und durch didaktisch strukturierte Vorschläge den unterrichtlichen Gebrauch erleichtern möchte. Mit der Kollegin Kerstin Waßenberg haben wir eine Autorin gefunden, die sich als Praktikerin schon längere Zeit mit dem Thema unterrichtlich auseinandersgesetzt hat und erprobtes Material in zwei binnendifferenzierten Reihenkonzepten bereit stellt.

Wir übergeben die beiden Bände (Propädix 23) den Lehrenden und Lernenden zum erfolgreichen Gebrauch und mit der Bitte um weiterführende Kritik.

Ihre

Dr. Eckehardt Knöpfel und Dr. Carsten Püttmann

Wesel und Lippstadt, im Frühjahr 2023

1. Piaget als Grundlage für Kohlbergs Modell

1.1 Zur Biografie

Jean Piaget  Foto: ullstein. Bild: Horst Tappe	Kohlbergs Grundkonzept basiert auf den Grundüberlegungen von **Jean Piaget (*9.8.1896, Neuenburg, Schweiz, † 16.9.1980, Genf, Schweiz).** Piaget war von Kindesbeinen an sehr an Entwicklungsprozessen und wissenschaftlichem Vorgehen fasziniert. So schrieb er bereits im Alter von 11 Jahren einen genauen Beobachtungsbericht über einen Albino-Sperling, den er beobachtet hatte. Nach einem Studienjahr in Zürich, in dem er sich mit der Psychoanalyse beschäftigte, reiste er nach Paris, um dort die Probleme bei der Entwicklung der Intelligenz zu untersuchen. Er war Professor für Psychologie, Soziologie und Philosophie der Wissenschaften an der Universität Neuenburg, Professor für die Geschichte der Wissenschaften an der Universität Genf, Professor für Psychologie und Soziologie an der Universität Genf und ebenfalls in Genf, schließlich Professor für experimentelle Psychologie. Piaget ist der einzige Schweizer Professor, der an die Sorbonne eingeladen wurde. 1955 gründet er das Centre International d'Epistémologie Génétique, das er bis zu seinem Tod geleitet hat. Er geht von der grundsätzlich stufenweisen Weiterentwicklung der kognitiven Strukturen aus. Hierbei ist ein Rückschritt, also Rückfall auf eine frühere Stufe ohne Einwirkung von Krankheit, Trauma oder Drogenkonsum nicht angedacht. Das Kind entwickelt sich also **stufenweise im Sinne eines *epigenetischen Prinzips*** (epigenetisch bedeutet hier: „Das epigenetische Prinzip in der Entwicklungspsychologie besagt, dass die Entwicklung eines Menschen nach einem Grundplan erfolgt, der für alle Menschen gleich ist. Dieser Grundplan ist in einzelne Stufen bzw. Entwicklungsaufgaben gegliedert, die das Ziel haben, ein funktionierendes Ganzes entstehen zu lassen."[1])

1.2 Die Grundbegriffe von Piagets Entwicklungsmodell

Nach Piaget stehen dem Kind grundsätzlich **zwei Grunddenkmodi (Assimilation und Akkommodation)** und deren **Kombination (Äquilibration)** zur Verfügung, um optimale **Adaption** zu erreichen.[2]

[1] Stangl, W. (2019). Stichwort: *'epigenetisches Prinzip'*. Online Lexikon für Psychologie und Pädagogik. WWW: https://lexikon.stangl.eu/15458/epigenetisches-prinzip/ (2019-06-24)

[2] Vgl. hierzu das Wauwau-Schema, aus: Rainer Jaszus u. a.: Sozialpädagogische Lernfelder für Erzieherinnen. Holland + Josenhans Verlag, Stuttgart, S. 279 und „Derek", aus: Sime, Mary: So sieht ein Kind die Welt. Piaget für Eltern und Erzieher, Walter-Verlag, Freiburg i. Br. 1978, S. 10 f.), sowie das Autoschema aus: http://erz1a.blogspot.com/2010/10/piaget-grundbegriffe-autobeispiel.html, am 22.7.2019.

1.2.1 Entwicklung und Veränderung eines Schemas am Beispiel des „Wauwau-Schemas“:

Ursprüngliches kognitives Schema „Wauwau“

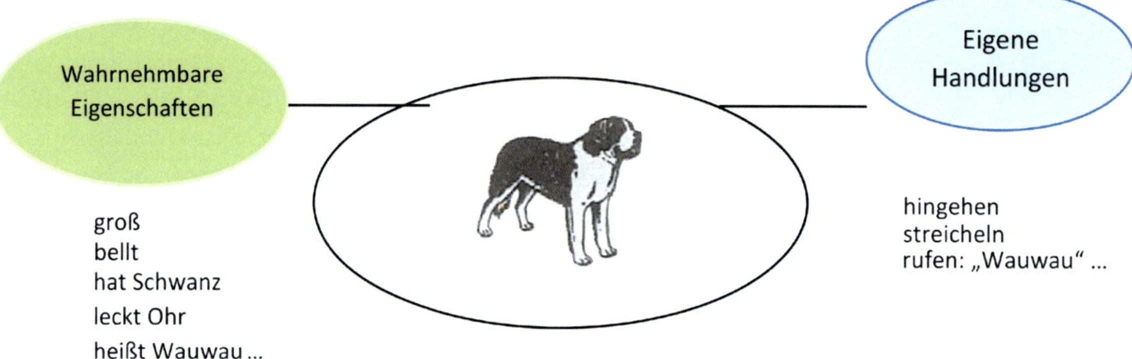

Assimilation durch Kontakt mit einem anderen Hund

Der neue Hund sieht zwar etwas anders aus als die bisher bekannten, unterscheidet sich aber nicht in wesentlichen Eigenschaften. Er wird in das kognitive Schema integriert („Assimilation“).

Akkommodation durch Kontakt mit noch einem anderen Hund

Der dritte Hund sieht zwar ganz anders aus als die bisher bekannten und unterscheidet sich in einer wesentlichen Eigenschaft: er ist klein und bissig. Das kognitive Schema wird angepasst („Akkommodation“).

Neues kognitives Schema „Wauwau“

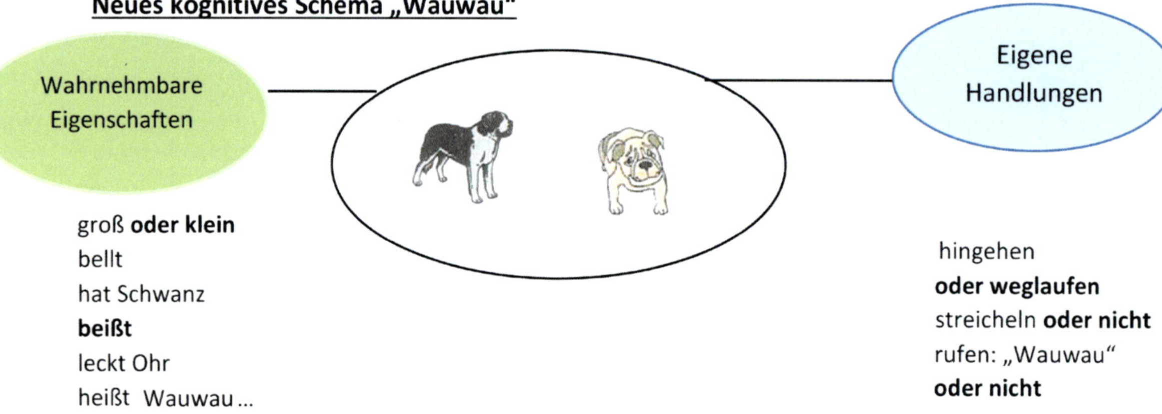

(Aus: Rainer Jaszus u. a.: Sozialpädagogische Lernfelder für Erzieherinnen. Holland + Josenhans Verlag, Stuttgart, S. 279)

1.2.2 Derek – ein Anwendungsbeispiel

Mary Sime beobachtete Kinder jahrelang durch die Brille der Theorien Piagets. Reaktionen Dereks, die er beim ersten Anblick einer echten Geige im Alter von drei Jahren und neun Monaten zeigte:

Derek war in diesem Alter fernsehsüchtig. Deshalb erkannte er die Geige als etwas, was unter sein Kinn gehörte. Es blieb jedoch während des kurzen Zeitraumes, in dem er sich in dieser Haltung abmühte, ein ängstlicher Ausdruck auf seinem Gesicht, bevor er eine bessere Idcc hatte.

Als Kontrabass gab das neue „Spielzeug" immerhin Töne von sich und so machte seine Angst einem flüchtigen Interesse Platz. Reines Entzücken zeigte sich in dem Moment auf seinem Gesicht, als er sein Spielzeug zu einer Gitarre machte. Seine Freude war vollständig und andauernd. Er hatte das Spielzeug sich und sich dem Spielzeug angepasst. „Das Kind ist der Architekt seines eigenen. Wachstums", sagte Nathan Isaacs. [...] Jede Erfahrung wie diejenige, die Derek mit der Geige machte, [...] wird ein Teil des internalisierten Modells seiner Welt.

(Aus: Sime, Mary: So sieht ein Kind die Welt. Piaget für Eltern und Erzieher, Walter-Verlag, Freiburg i. Br. 1978, S. 10 f.)

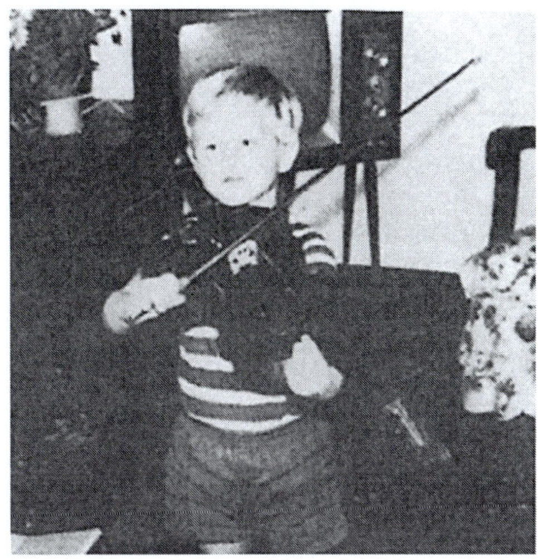

Derek. Erster Versuch. Angst, Misserfolg

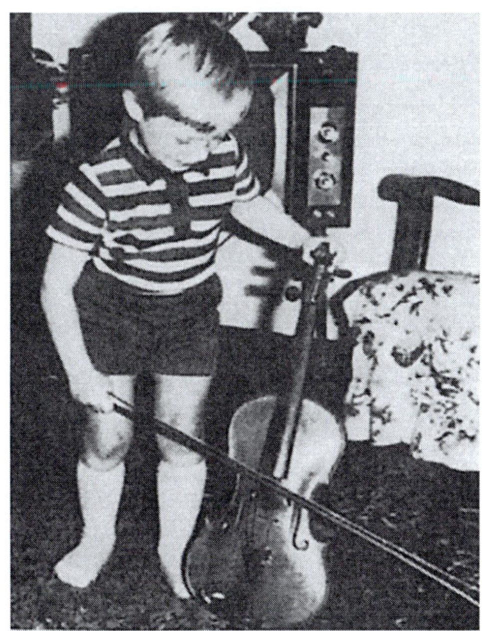

Derek. Zweite Idee. Teilerfolg und Fortfall der Angst

Derek. Völlige Zufriedenheit

Lernkarteikarten zu den Grundbegriffen als Vorbereitung für einen späteren Selbsttest

Assimilation	bedeutet hier das Anpassen eines eigentlich neuen Inhaltes an bestehende kognitive Strukturen.
Akkommodation	bedeutet hier das Entwickeln von neuen kognitiven Strukturen aufgrund des Verstehens von neuen Inhalten.
Äquilibration	bezeichnet dabei das jeweils individuell situativ anzupassende Verhältnis von Assimilation und Akkommodation, das dem Individuum als zielführend für das Verständnis und die Lösung einer Situation erscheint.
Adaption	bezeichnet die Anpassungsfähigkeit des Organismus an die Umwelt im Wechselspiel von Akkommodation und Assimilation.

Bei der Äqulibration spielen die Rahmenbedingungen eine nicht zu vernachlässigende Rolle. So wird ein/e müder Schüler*in z. B. immer mehr zur Assimilation als zur Akkommodation tendieren, ebenso wie ein/e intrinsisch motivierte/r Schüler*in sich in seinem/ihrem Interessengebiet wahrscheinlich häufiger für Akkommodation entscheiden wird, um mehr und Genaueres über sein Interessengebiet zu erfahren. Für die Anwendung in der Schule muss zusätzlich der jeweilige Unterrichtsablauf betrachtet werden, denn die wenigsten Schüler*innen werden vermutlich 6–8 Std. am Tag zur Äquilibration mit Schwerpunkt Akkommodation fähig sein. Ständige Assimilation naheliegender Unterrichtsgegenstände (immer wieder minimale Abwandlungen des gleichen Unterrichtsinhaltes) könnten andererseits zu massiver Langeweile führen.

1.3 Erarbeitung oder Wiederholung von Piagets Entwicklungsmodell

Jean Piagets Entwicklungsmodell (mit Hilfe der Texte aus Phoenix, Schöningh-Verlag, Paderborn, 2015, S. 47–60 und den Kursbuch Erziehungswissenschaft, Cornelsen, Berlin 2010, S. 212–227 oder: https://arbeitsblaetter.stangl-taller.at/KOGNITIVEENTWICKLUNG/PiagetmodellStufen.shtml

1.4 Möglicher Selbsttest über die Grundbegriffe (Kap. 1.2) und die Entwicklungsstufen (Kap. 1.3)

Aufgabe:

Bitte füllen Sie die leeren Felder aus. Versuchen Sie dabei so knapp und präzise wie möglich zu formulieren.

Viel Erfolg!!!

Fachbegriff	**Definition**
	bedeutet hier das Anpassen eines eigentlich neuen Inhaltes an bestehende kognitive Strukturen.
	bedeutet hier das Entwickeln von neuen kognitiven Strukturen aufgrund des Verstehens von neuen Inhalten.
	bezeichnet dabei das jeweils individuell situativ anzupassende Verhältnis von Assimilation und Akkommodation, das dem Individuum als zielführend für das Verständnis und die Lösung einer Situation erscheint.
Adaption	
Stufenmodell	
Sensomotorische Stufe	
Formal operationale Stufe	
Konkret operationale Stufe	
Präoperative Stufe	

Möglicher Lösungen zum Selbsttest:

Tauschen Sie nun bitte Ihren Selbsttest mit einem Kursmitglied. Sie korrigieren mit Hilfe der untenstehenden Lösungen bitte das Ergebnis des jeweils anderen. Hierbei kommt es auf inhaltliche Richtigkeit und verständliche Formulierungen an.

Bitte geben Sie genaues und im besten Fall konstruktives Feedback, also unterstreichen Sie bitte die für Sie falsche oder unpassende Formulierung und ergänzen Sie so, dass Sie sie richtig und verständlich finden.

So bekommt Ihr Gegenüber ein hilfreiches Feedback, und Sie wiederholen und sichern Ihr Verständnis der Fachbegriffe und Entwicklungsstufen und können lesen, wie ein anderer Kursteilnehmer die Fachbegriffe in eigenen Worten definiert.

Bei Fragen, Unklarheiten oder Problemen gerne melden.

Viel Erfolg!!!

Fachbegriff	**Definition**
Assimilation	bedeutet hier das Anpassen eines eigentlich neuen Inhaltes an bestehende kognitive Strukturen.
Akkommodation	bedeutet hier das Entwickeln von neuen kognitiven Strukturen aufgrund des Verstehens von neuen Inhalten.
Äquilibration	bezeichnet dabei das jeweils individuell situativ anzupassende Verhältnis von Assimilation und Akkommodation, das dem Individuum als zielführend für das Verständnis und die Lösung einer Situation erscheint.
Adaption	bezeichnet die Anpassungsfähigkeit des Organismus an die Umwelt im Wechselspiel von Akkommodation und Assimilation.
Stufenmodell	Es handelt sich um ein Stufenmodell, da erst eine Stufe komplett erschlossen sein muss, bevor man eine neue Stufe erklimmen kann.
Sensumotorische/ Sensomotorische Stufe	sensumotorische Stadium (bis 2. Lebensjahr). In diesem Stadium ist das Denken der Kinder von Sinneseindrücken und sichtbarem Verhalten dominiert, weswegen Piaget es sensumotorisch nennt. (Wie oben erläutert, führt die feinschrittige Einteilung des ersten Stadiums in seine sechs Unterphasen nicht zu einem vertieften Verständnis von Kohlberg, da hierfür das erste Stadium weitestgehend irrelevant ist.) Das Kind begreift sich als von der Umwelt getrennt und beginnt mit Hilfe seiner Sinne zu forschen.
Formal operationale Stufe	In der vierten und letzten Phase (11.–13. Lebensjahr), dem formal operationalen Stadium, ist das Kind in der Lage, Denkoperationen formal korrekt zu durchdenken. Es kann also induktiv (aus dem Sachverhalt herausarbeitend) und deduktiv (auf einen Sachverhalt angewendet) denken.
Konkret operationale Stufe	Im dritten, konkret operationalen Stadium (7.–12. Lebensjahr) kann das Kind Denkoperationen an konkreten Dingen ausführen
Präoperative Stufe	Im zweiten Stadium, dem präoperationalen Stadium (2.–7. Lebensjahr) ist das Kind dazu in der Lage, einfache Denkvorgänge zu vollziehen und Kategorien anhand von einem Element zu bilden, magisches Denken. Es kann erste mathematische Grundbegriffe, kann Größenverhältnisse, Zahlen und Mengen begreifen (verstehen), orientiert sich aber immer noch sehr stark an der eigenen Wahrnehmung.

2. Voraussetzungen zum besseren Verständnis von Kohlbergs Theorie

2.1 Zusammenhang von körperlicher, kognitiver und emotionaler/sozialer Entwicklung

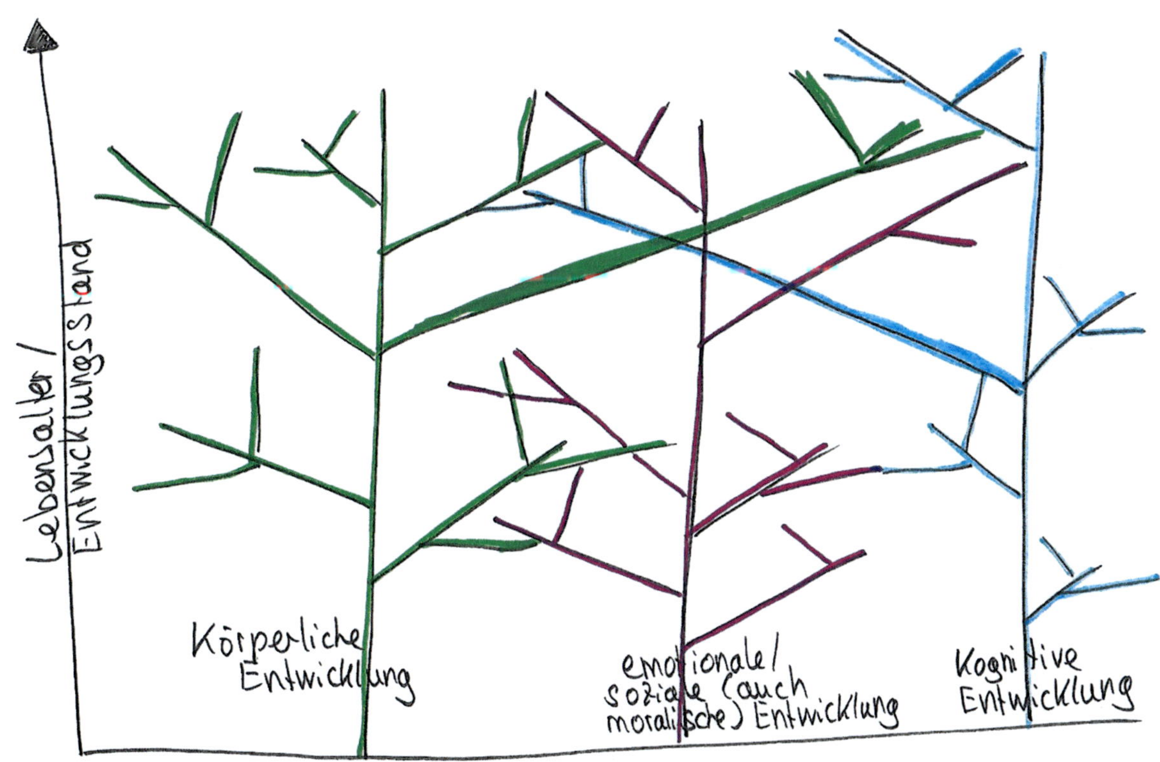

(eigene Darstellung nach: Entwicklungspsychologie, Pearson Studium, München 2011, S. 12)

2.2 Die Notwendigkeit der moralischen Urteilsfähigkeit für den Menschen

Warum moralisch urteilen? *Exkurs zur Moral von Dr. Christian Wilhelm*

Zu Beginn der Beschäftigung mit der Entwicklung der moralischen Urteilsfähigkeit stellt sich zunächst einmal die Frage, warum Menschen überhaupt moralisch urteilen. Bevor wir uns mit dem spezifisch moralischen Urteilen und seinen Ursachen beschäftigen, ist es jedoch sinnvoll, sich kurz mit der Frage zu beschäftigen, warum Menschen überhaupt urteilen und welche Urteile sich unterscheiden lassen.[3]

Allgemein lassen sich Aussagen in beschreibende/deskriptive und normative unterscheiden. Letztere sind bewertend bzw. beurteilend und können wiederum in außermoralische Werturteile und moralische Verpflichtungs- und moralische Werturteile unterteilt werden.[4] Außermoralische Werturteile sind beispielsweise Aussagen wie „Das ist ein guter Wagen" oder „Das ist ein schönes Bild", zu ihnen gehören auch die Geschmacksurteile.

Für unser Anliegen sind die moralischen Verpflichtungs- und Werturteile entscheidend, die beide für etwas moralisch Richtiges bzw. Gutes plädieren (Frankena 2017: 10f). Die moralischen Verpflichtungsurteile sind präskriptive (stark vorschreibende) Urteile wie „Man soll nicht töten" oder „Es ist geboten, Notleidenden zu helfen" (Gebote und Verbote). Sie beziehen sich auf Handlungen und versuchen, für diese moralische Prinzipen aufzustellen und zu begründen. Die beiden bekanntesten Theorien dieser Art sind die Pflichethik/Deontologie (v.a. von Kant) und die Folgenethik/der Konsequenzialismus (v.a. der Utilitarismus). Während sich pflichtethische Urteile auf die den Handlungen zugrunde liegende Motivation konzentrieren, interessieren sich die folgenethischen Urteile für die Handlungskonsequenzen.

Die andere Gruppe der moralischen Urteile, die moralischen Werturteile, schauen bei ihrer Bewertung nicht auf die Handlungen, sondern auf die Person bzw. deren Charaktereigenschaften (Tugendethiken, v.a. antike).[5] Urteile dieser Art können z.B. sein: „Ein guter Mensch trinkt und raucht nicht" oder „Gerechtigkeit ist eine Tugend". Diese (moralisch) wertenden Aussagen (Urteile) sind zwar auch Vorschriften, allerdings schwache oder indirekte (im Gegensatz zu den expliziten Vorschriften der Verpflichtungsurteile).[6] Das bedeutet jedoch nicht, dass ihre Wirkung schwächer ist, sie können mehr oder weniger subtil verwendet durchaus einen hohen moralischen Druck erzeugen, da sie auf den Charakter der Person und nicht bloß auf einzelne Handlungen zielen.

Das moralische Urteilen erstreckt sich dabei auf zwei Bereiche: zum einen auf Entscheidungen bei moralischen Problemen (z.B. bei Pflichten- oder Prinzipienkollisionen), zum anderen auf kommentierende Bewertung von Handlungen oder Personen (Frankena 2017: 13). Während die moralischen Verpflichtungsurteile (auch sogenannte Prinzipienethiken: Pflichtethik, Utilitarismus) bei Entscheidungen Lösungsvorschläge liefern können, bieten moralische Werturteile (Tugendethiken) diese nicht, da sie ja nicht einzelne Handlungen, sondern Personen bzw. deren Charakter als Ganzes bewerten. Beide können sich jedoch sinnvoll gegenseitig ergänzen (Frankena 2017: 63f.). Tugendethiken kommen nicht ohne Prinzipien aus, aber die Prinzipienethiken können im Gegensatz zu Tugendethiken nicht erklären, was uns zu moralischem Handeln motiviert und welche Rolle Affekte dabei spielen.

Kommen wir nun nach der Unterscheidung der Urteile zu der Frage, warum Menschen überhaupt urteilen. Die Antworten sind empirischer Art und lauten: Weil Menschen die Fähigkeit dazu entwickeln, weil sie es mögen, zu beurteilen und ihre Urteile zu kommunizieren und weil sie häufig damit etwas erreichen wollen, also Intentionen haben. Ziele können beispielsweise Anerkennung, Abgrenzung, der

[3] Dies ist deshalb wichtig, weil das moralische Urteilen epigenetisch aus früheren Urteilsformen entsteht.

[4] Außermoralische und moralische Werturteile können beide wiederum auch als evaluativ bezeichnet werden. Ferner sind nicht alle normativen Aussagen moralischer Art wie z.B. Backrezepte oder Gebrauchsanleitungen. Diese können hier aber außer Acht gelassen werden, da wir uns ausschließlich mit Urteilen beschäftigen. Zur Einteilung der Aussagen im Hinblick auf das moralische Argumentieren vgl. Bayertz/Kompa 2016: 9f.

[5] Zu den drei wichtigsten ethischen Theorien vgl. Hübner 2018: 88ff.

[6] Vgl. Bayertz/Kompa 2016: 10.

Wunsch zu überzeugen/überreden oder Provokation sein. Diese Antworten spielen, wie wir gleich sehen werden, bei der Entwicklung der Urteilsfähigkeit eine wichtige Rolle.

Das Urteilen beim Menschen beginnt mit dem einfachen Bewerten bei den Geschmacksurteilen (außermoralische Werturteile) bzw. ästhetischen Urteilen (also auf sinnliche Wahrnehmungen reagierend). Diese entwickeln sich bereits beim Säugling und Kleinkind aufgrund von Empfindungen und Sinneseindrücken, indem diese als unmittelbar angenehm oder unangenehm wahrgenommen und bewertet werden.[7] Durch zahlreiche Wiederholungen und den Vergleich mit neuen Eindrücken manifestieren sich diese als Erfahrungen. Zentral hierbei ist das Grundbedürfnis, Freude/Lust anzustreben und Schmerz/Leid/Unlust zu vermeiden.[8] Diese beiden Antipoden verdichten sich dabei zu ersten kategorialen Vorstellungen von gut (Freude/Lust) und schlecht (Schmerz/Unlust).[9] Dabei können bereits beim Säugling unangenehme Empfindungen wie Hunger oder Schlafmangel als Unlust wiederum auch der Ausgangspunkt für Freude (bei Bedürfnisbefriedigung) sein. Freuden (insbesondere komplexere) können aber auch aus einem neutralen Zustand heraus entstehen, mehr und mehr auch durch Antizipation. Mit zunehmendem Alter werden aus einfachen (antizipierenden) Vorstellungen von Freude und Schmerz komplexere, wodurch sich die evaluativ-kategorialen Begriffe des Guten und Schlechten beim Individuum manifestieren und weiterentwickeln. Aus den zunächst körperlich bedingten Erfahrungen werden durch umfangreichere Erinnerungen, Antizipationen und ein höheres Abstraktionspotenzial komplexere Vorstellungen und Erwartungen. Mit zunehmender Sprachfähigkeit wird diesen Bewertungen zunehmend Ausdruck verliehen.

Hier beginnt der Übergang zum moralischen Urteilen. Dieses befasst sich mit komplexeren Gegenständen und beruht auf vielschichtigen Vorstellungen, anhand derer die menschlichen Handlungen und Charaktereigenschaften (als richtig/gut oder falsch/schlecht) bewertet werden (vgl. Hübner 2018: 89ff.). Die moralischen Urteile bauen also auf den vorangegangenen affektiven und kognitiven Entwicklungen sowie zahlreichen Erfahrungen aus früheren Urteilsformen auf. Die komplexeren Vorstellungen bilden dabei die Grundlage für den Übergang von ästhetischen zu moralischen Urteilen. Erfahrungsbasiert und durch zunehmend deutlichere Kategorien werden beobachtete und antizipierte Handlungen[10] als gut oder schlecht bewertet und diese Urteile immer häufiger kommuniziert. Dieses verbale und nonverbale Kommunizieren von Bewertungen scheint dabei wie schon bei den ästhetischen Urteilen einem (nicht nur) menschlichen Grundbedürfnis zu entsprechen.

Einfaches Beurteilen von eigenem und fremdem Handeln ist beim Kleinkind zunächst noch deutlich an die eigenen körperlichen Empfindungen von Freude und Leid gebunden. Mit zunehmender Abstraktions- und Antizipationsfähigkeit werden Handlungsweisen verallgemeinert und als gut oder schlecht klassifiziert.[11] Die sich immer deutlicher ausbildenden Vorstellungen von allgemein gutem und schlechtem Verhalten/Handeln werden dabei stark von den Eltern und anderen wichtigen Bezugspersonen geprägt. Das eigene Interesse wird beim Bewerten von Handlungen mit zunehmendem Alter auf weitere Personen erweitert.

Moralische Urteile werden zunächst von Eltern an das Kind herangetragen, indem erwünschtes Verhalten gelobt, unerwünschtes getadelt und ggf. sanktioniert wird. Doch wieso übernehmen Kinder das moralische Urteilen? Übernehmen bzw. Aneignen meint hier zweierlei: Das Kleinkind reagiert zunächst auf die Verhaltensurteile der Eltern und internalisiert diese zunehmend.[12] Darüber hinaus ahmt es das

[7] Die Ausdrücke unmittelbar un-/angenehm sind von David Hume entlehnt. Ebenso die spätere Unterscheidung in einfache und zusammengesetzte Vorstellungen.

[8] Vgl. dazu den Epikureismus und zur Freude als dem Guten beim Hedonismus und Utilitarismus, Frankena 2017: 16ff.

[9] Die Vorstufe von Urteilen sind Bewertungen. Kinder bewerten aufgrund von Lust- und Unlusterfahrungen Dinge als gut oder schlecht (in Abstufungen). Die Gegenstände dieser Bewertungen und die Vorstellungen davon werden zunehmend komplex, ebenso deren sprachlich vermittelte Begründungen und Reflektionen.

[10] Auch von Charaktereigenschaften. Im Folgenden werde ich mich aber auf die Handlungen konzentrieren.

[11] Das Prinzip der Verallgemeinerung ist ein grundlegendes moralisches Prinzip. Moralische Urteile erheben den Anspruch, universell zu sein.

[12] Die Gründe werden dem Kind durch die Eltern mit zunehmender Vernunftfähigkeit mehr und mehr erläutert. Vgl. Frankena 2017: 8.

moralische Urteilen nach, eignet es sich an und begründet seine Urteile mehr und mehr mit den eigenen Vorstellungen vom moralisch Guten und Schlechten.

Doch warum beginnt das Kleinkind damit, auf die moralischen Urteile seiner Bezugspersonen zu reagieren? Ausgangspunkt sind die eigenen Empfindungen und Affekte. Bereits der Säugling, der z. B. seine leidende/missbilligende (oder freudige/lobende) Mutter sieht, reagiert darauf. Aber wieso tut er dies? Wäre es gemäß dem Streben nach Unlustvermeidung nicht einfacher, sich von der Mutter abzuwenden oder sich von ihr zu distanzieren? Mit der Ausbildung von Spiegelneuronen ist der Säugling in der Lage, Gefühle anderer nachzuahmen und mitzuempfinden. Mit zunehmender Entwicklung kommen weitere Gründe für die Reaktionen und die Stufen moralischer Entwicklung (Kohlberg) hinzu. Nach der Imitation der Affekte der Bezugspersonen ahmt das Kleinkind zunehmend auch deren Urteile nach.

Bereitet es dem Säugling zunächst selbst Leid, die Mutter leiden oder tadeln zu sehen, und Freude bei der Wahrnehmung ihrer Freude, bemüht er sich zunehmend darum, die antizipierten und erwünschten Reaktionen der Mutter hervorzurufen oder zu beeinflussen. Der Wunsch nach Anerkennung bzw. das Gefallenwollen werden zunehmend wichtiger als unmittelbares Mitfühlen. Durch die steigende Antizipationsfähigkeit gewinnen zukünftige, erwartete Momente an Bedeutung. Es beginnt das Abwägen von guten/schlechten Folgen des aktuellen Moments mit denen zukünftiger (prognostizierter) Momente auf Grundlage der sich ausbildenden Vernunft. Damit einher geht das zunehmende Selbstbewusstsein (Wahrnehmung der eigenen Person und Bedürfnisse, Subjektivität) durch Abgrenzung von anderen Personen. Das eigene Empfinden und die eigenen Interessen werden vom Kleinkind mit denen anderer Personen abgeglichen. Je näher ihm die anderen stehen, desto intensiver.

Durch die Entwicklung von komplexeren Vorstellungen, Vernunft, Selbstbewusstsein (Identität), Wahrnehmung von eigenen und fremden Interessen, Antizipation (bei Sartre Transzendenz) und Abstraktion entwickelt das Kind ein zunehmend komplexes Modell von der Welt und konstruiert/imaginiert möglichen Nutzen und Schaden von Handlungen für sich und die anderen. Man kann in Anlehnung an Kohlberg von drei Niveaus der moralischen Urteilsfähigkeit sprechen, die von den o. g. Fähigkeiten abhängen.[13]

Beim präkonventionellen Niveau (Bezugspunkte: Freude und Leid) sind die Richtlinien des moralischen Urteilens Gebote/Verbote und mit zunehmender Wahrnehmung eigener und fremder Interessenausgleich (mit einfachen Gerechtigkeitsvorstellungen). Der Maßstab für das Beurteilen von eigenem und fremdem Handeln ist egoistischer Natur.

Erst mit zunehmenden Fähigkeiten und Fertigkeiten sind auf dem konventionellen Niveau Abwägungen zwischen kurzfristigem und langfristigem Nutzen und Schaden (Bezugspunkte dieses Niveaus) möglich. Dem moralischen Urteil kann nun z. B. die Einsicht zugrunde liegen, dass der langfristige Schaden schlechten Verhaltens den kurzfristigen Nutzen überwiegt oder dass individuell nützliches Handeln für die Gemeinschaft schädlich sein kann.

Das moralische Urteil bleibt dabei aber egoistisch fundiert. Die Erfüllung der Rollenerwartungen oder das Beachten der Gesetze bleiben (wenn auch vernünftig abwägend) gestützt auf eigene Interessen. Ich akzeptiere Regeln, weil mir dies langfristig größeren Nutzen verspricht.

Die Frage, ob Moral auch egoistisch sein kann/darf, ist eine der zentralen Fragen der Praktischen Philosophie. Ohne darauf in diesem Rahmen näher eingehen zu können, sollen wichtige Aspekte zur Moral kurz erläutert werden, da sie für das Verständnis des moralischen Urteilens wichtig sind.

Die Moral in einer Gesellschaft ist die Gesamtheit ihrer Verhaltensregeln (Normen) bezüglich des guten/lobenswerten und schlechten/tadelnswerten Handelns ihrer Mitglieder. Die Ethik beschäftigt sich wissenschaftlich mit diesen Regeln, d.h. sie untersucht deren Entwicklung und Begründungen (auch im Vergleich zwischen Kulturen oder vergangenen Zeiten).[14] Der Bereich der Moral ist normativ, auf das praktische Handeln konzentriert und immer an die Vorstellung vom Guten und Richtigen (in Form von Werten

[13] Zur Darstellung von und Kritik an Kohlbergs Modell vgl. Pfeifer 2013: 308 ff.

[14] Zu den Begriffen Moral und Ethik und zur Unterscheidung von deskriptiver, normativer und Metaethik vgl. Hübner 2018: 11 ff.

wie Gerechtigkeit) gebunden. Moralische Normen decken einen größeren Bereich des Zusammenlebens ab, als es Gesetze vermögen, über sie existieren divergierende Vorstellungen in der Gesellschaft, aber es gibt einen weiten, oft unterschätzten Grundkonsens. Ohne einen Kern von gemeinsamen Wertvorstellungen, was gutes und schlechtes Verhalten bedeutet, ist ein Zusammenleben in Gemeinschaften nahezu unmöglich.[15] Die Diskussionen über diese gemeinsamen Normen sind notwendiger Bestandteil einer funktionierenden modernen Gesellschaft. Daran teilnehmen zu können, d. h. vor allem auch seinen eigenen Standpunkt begründet vertreten und die Gründe anderer nachvollziehen zu können, ist für das Individuum bedeutsam, weil es sich dadurch respektiert bzw. anerkannt fühlt und die Normen anderer besser akzeptieren kann.

Moralische Urteilsfähigkeit ist also einerseits wichtig, weil sie das Fundament unserer modernen Demokratien ist (Mündigkeit, Autonomie und Partizipation, vgl. Böckenförde-Diktum), andererseits aber auch weil sie die Grundlage und Antrieb moralisch guten Handelns darstellt. Je höher die moralische Urteilsfähigkeit entwickelt ist, desto besser kann das Individuum im kantischen Sinne selbstbestimmt handeln. Besser ist hier im Hinblick auf sein wohlverstandenes Eigeninteresse, seine Mündigkeit/Autonomie und im Idealfall auf ein möglichst gelingendes Leben zu verstehen.[16]

Der Zusammenhang von moralischer Urteilsfähigkeit und moralischem Handeln ist komplex, und insbesondere der Schulunterricht steht vor dem Problem, dass in diesem Rahmen (trotz Konzepten wie der Handlungskompetenz) die Möglichkeiten zur Erprobung und Evaluation von moralischem Handeln begrenzt sind.[17] Einerseits sind moralische Urteile, die nie oder selten im eigenen Verhalten umgesetzt werden, hippokratisch. Andererseits kann die Förderung der moralischen Urteilsfähigkeit in der Schule deutlich dazu beitragen, den Antrieb zum moralischen Handeln zu steigern. Und wenn der Schwerpunkt eines guten, autonomen und kritisch-reflektierten Lebens gutes Handeln ist, stellt die Förderung der moralischen Urteilsfähigkeit einen wichtigen Bereich von Bildung dar.

Wie eingangs dargestellt, entwickelt sich die moralische Urteilsfähigkeit beim Menschen epigenetisch. Wir urteilen moralisch, weil wir es von unserer Umwelt lernen, weil es ein menschliches Bedürfnis ist und weil wir damit etwas erreichen wollen. So wie man nicht nicht kommunizieren kann, kann man auch nicht nicht moralisch urteilen. Doch unterliegt dieses Urteilen einem ständigen Entwicklungsprozess, die Motivation dazu verändert sich ebenfalls und kann gefördert werden. Sind am Anfang noch Affekte, der Wunsch nach Anerkennung und später der Nutzen Antriebe für moralisches Urteilen, besteht durch Lernen und gezielte Förderung die Möglichkeit, das postkonventionelle Niveau zu erreichen. Das moralische Urteil entfernt sich dann immer weiter von einem einfachen Egoismus hin zu einem wohlverstandenen Eigeninteresse, das an allgemeingültigen Regeln, welche die Gesellschaft verbessern sollen, orientiert ist. Vereinfacht gesagt bedeutet wohlverstandenes Eigeninteresse dann: Indem ich die egoistische Perspektive zunehmend durch die gesellschaftliche Perspektive erweitere, verbessere ich meine Chancen auf ein gutes Leben, das vom Wohl anderer Personen abhängt. Das Fördern des Allgemeinwohls fördert auch mein Wohl.

Dazu muss die bei Kindern vorhandene moralische Urteilsfähigkeit und ihre Motivation, moralisch zu handeln, weiter gefördert werden. Wenn das moralische Urteilen in der Schule in Diskussionen gefördert und von den Schüler*innen argumentativ vertreten wird, ist dies eine Voraussetzung für moralisches Handeln und ein wichtiger Bestandteil von Bildung.[18] Eine besonders geeignete Methode hierfür stellt der sokratische Dialog dar.

Wenn das moralische Urteilen in der Schule in Diskussionen gefördert und von den Schüler*innen argumentativ vertreten wird, ist dies bereits moralisches Handeln und eine wichtige Voraussetzung für weitere persönliche Entwicklungen. Eine besonders geeignete Methode hierfür stellt der sokratische Dialog dar. Anlass zur Auseinandersetzung bieten sog. Dilemmata.

---

[15] Vgl. dazu den Kommunitarismus z. B. bei MacIntyre.

[16] Zur Bedeutung der Autonomie im Unterricht vgl Schaber 2010, zum Zusammenhang mit der Frage nach dem guten Leben vgl. Steinfarth 2010.

[17] Vgl. Pfeifer 2013: 44ff. und Rhefus 1986: 64ff.

[18] Vgl. Martens 2003.

Aufgaben:

1. Fassen Sie die Hauptaussagen des Textes bitte kurz zusammen. Konzentrieren Sie sich dabei auf die Aussagen dazu, warum sich die Notwendigkeit der Moralentwicklung zu welchem Zeitpunkt woraus ergibt. (Einzelarbeit)
2. Stellen Sie danach bitte Ihre Ergebnisse in Ihrer Kleingruppe vor und bereiten sie zeichnerisch auf einem Plakat auf.

Viel Erfolg!!!

3. Erarbeitung von Kohlbergs Theorie auf der praktischen und theoretischen Ebene

3.1 Kurzer Rückgriff auf Vorerfahrungen und Vorwissen zum Thema Dilemma und Umgang damit

3.1.1 Was ist ein Dilemma? (die praktische Ebene)

Der Text „Warum moralisch urteilen?" hat gezeigt, dass der Wunsch und die Notwendigkeit, moralisch urteilen zu können, sich im Entwicklungsprozess automatisch ergibt. Also erscheint es sinnvoll, sich näher damit zu beschäftigen, wie man das moralische Urteilen lernen kann. Hierbei helfen uns die Theorie von Lawrence Kohlberg auf der theoretischen Ebene und der konkrete Umgang mit Dilemmata auf der praktischen Ebene. Wir beginnen mit der praktischen Ebene.
Was ist ein Dilemma?

Definition Dilemma:

In einem Dilemma
- stehen sich zwei konkurrierende Werte gegenüber *(Unterschied von Werten und Normen wiederholen, z. B. der übergeordnete Wert „Respekt" findet sich in den gesellschaftlichen Normen: Pünktlich sein! Ausreden lassen! etc. wieder).*
- Es muss klar erkennbar sein, was der Interessenskonflikt, was der Wertekonflikt und wer die betroffenen Personen sind.

3.1.2 Dilemma 1 „Heinz" und Methode 1 „Erkenntnis als Weg"

Anleitung für den Umgang mit Dilemma-Situationen:

Erklären Sie die Situation zunächst in eigenen Worten so, dass jemand, der den Text nicht gelesen hat, sie versteht (Paraphrase).
Achten Sie dabei bitte darauf, dass alle Seiten der Geschichte fair wiedergegeben werden (unparteiisch).
Versuchen Sie, kein Detail zu vergessen (detailliert).
Nun sollten Sie die Werte, die sich da gegenüberstehen, benennen, also z. B. Ehrlichkeit, Loyalität, Freiheit, Gerechtigkeit oder andere. Überlegen Sie gut, was der Grundkonflikt sein könnte. Versuchen Sie, die Situation auf **einen** Konflikt zu reduzieren (Ausschärfung).
Jetzt nehmen Sie bitte schriftlich Stellung, warum es Ihrer Meinung nach gerechtfertigt ist, wie zu handeln. Wichtiger als die tatsächliche Entscheidung ist hierbei, warum Sie diese von Ihnen getroffene Entscheidung richtig finden.

Anmerkung: Notieren Sie Ihr Ergebnis bitte gut leserlich auf einem gesonderten Blatt, da ein anderer Schüler/eine andere Schülerin später damit weiterarbeiten wird.

Das Heinz-Dilemma:

Irgendwo in Europa stand eine krebskranke Frau kurz vor dem Tode.

Es gab ein Medikament, das sie hätte retten können, eine Radiumverbindung, die ein Apotheker in jener Stadt vor Kurzem entdeckt hatte. Der Apotheker verlangte dafür 2000 Euro, das Zehnfache dessen, was ihn die Herstellung des Medikaments kostete.

Der Mann der kranken Frau, Heinz, bat alle seine Bekannten, ihm Geld zu borgen, aber er konnte nur etwa die Hälfte des Preises zusammenbringen. Er sagte dem Apotheker, dass seine Frau im Sterben liege, und bat ihn, ihm das Medikament billiger zu verkaufen oder ihn später bezahlen zu lassen. Aber der Apotheker sagte „Nein".

In seiner Verzweiflung brach der Ehemann in die Apotheke ein und stahl das Medikament für seine Frau.

Sollte er das tun? Warum?

(aus: Kohlberg, L.: Die Psychologie der Moralentwicklung, Suhrkamp, 1995, S. 495, adaptiert)

[Bitte bewahren Sie Ihre Ergebnisse gut auf, da wir zu einem späteren Zeitpunkt darauf zurückkommen werden!!]

3.2 Kohlbergs Theorie der moralischen Urteilsfähigkeit (die theoretische Ebene)

3.2.1 Zur Biografie Kohlbergs

Lawrence Kohlberg  Quelle: facebook	Lawrence Kohlberg (*25. Oktober 1927 in Bronxville, New York, USA, † 19. Januar 1987, beging Suizid in Winthrop in der Nähe von Boston, USA) war ein US-amerikanischer Psychologe und Professor für Erziehungswissenschaft an der Harvard University School of Education. Er entwickelte die Stufenlehre der moralischen Urteilsfähigkeit, basierend auf der Entwicklungstheorie von Jean Piaget.

3.2.2 Erarbeitung von Kohlbergs Stufenlehre der moralischen Urteilsfähigkeit

Beschreibung der Stadien des moralischen Urteils

---

1. **Präkonventionelle Stufe (prämoralische Stufe)**
   Die gesellschaftlichen Regeln darüber, was richtig und was falsch ist, werden befolgt – in Anbetracht ihrer physischen oder hedonistischen Folgen für die Person (Belohnung, Bestrafung, Gefälligkeit) und der machtausübenenden Autorität, die die Regeln auferlegt.

   Stadium 1. Orientierung an Bestrafung und Gehorsam.

   Ob eine Handlung richtig oder falsch ist, hängt davon ab, ob sie Belohnung oder Bestrafung nach sich zieht. Folgt Bestrafung, so hätte anders gehandelt werden sollen. Folgt keine Bestrafung, so darf so gehandelt werden – ungeachtet des Wertes oder der Bedeutung der Handlung.

   Stadium 2. Naiv-instrumentelle oder egoistische Orientierung

   Angemessenes Handeln befriedigt die Bedürfnisse des Individuums, manchmal auch die der anderen. Wie in der freien Marktwirtschaft richten sich die menschlichen Beziehungen nach dem, was sie dem Individuum einbringen – nach dem Motto „Eine Hand wäscht die andere" wird verfahren, aber nicht aus Loyalität, Dankbarkeit oder Gerechtigkeit.

2. **Konventionelle Stufe**
   Das Individuum entspricht den familiären, Gruppen- und staatlichen Erwartungen. Aktiv unterstützt und verteidigt es die bestehende soziale Ordnung.

   Stadium 3. „Guter Junge, liebes Mädchen"-Orientierung

   Es wird gehandelt, um anderen zu helfen oder sie zu erfreuen und um Bestätigung zu erfahren. Zum ersten Mal werden individuelle Absichten bedeutsam: „Sie/Er meint es gut".

   Stadium 4. „Gesetz und Ordnung"-Orientierung

   Das Individuum tut seine Pflicht, respektiert Autorität und stützt die herrschende soziale Ordnung um ihrer selbst willen.

3. **Postkonventionelle Stufe (autonome Stufe)**
   Das Individuum versucht, universelle, gültige moralische Werte herauszufinden, unabhängig davon, welche Autoritäten oder Gruppen ihm beipflichten, und unabhängig davon, ob es sich selbst als zu jenen zugehörig fühlt oder nicht.

   Stadium 5. Sozialvertragliche Orientierung

   Gewöhnlich legalistisch und utilitaristisch untermalt, wird moralisches Verhalten nun im Sinne allgemeiner individueller Rechte vor dem Hintergrund kritisch überprüfter, von der gesamten Gesellschaft gebilligter Normen definiert. Dies ist die „offizielle" Moral der Verfassung der Bundesrepublik Deutschland und der Regierung. Es wird klar erkannt, dass persönliche Werte und Meinungen relativ sind und dass man sich einigen kann und Gesetze zum Wohle der Allgemeinheit geändert werden können (im Gegensatz zu dem „Einfrieren" von Gesetzen in Stadium 4, weil sie als unantastbar gelten.)

   Stadium 6. Orientierung an universellen ethischen Prinzipien.

   Moralisches Urteilen basiert auf universellen Gerechtigkeitsprinzipien, auf Reziprozität und Gleichheit der Menschenrechte und auf der Achtung der Würde des Menschen als Individuum. Was Recht ist, wird vom individuellen Gewissen im Einklang mit selbst gewählten, allgemeinen ethischen Anschauungen festgelegt.

(Umformuliert und vereinfacht nach Kohlberg, 1967 und 1974)

(Aus: Robert Murray, Th./Feldmann, B.: Die Entwicklung des Kindes. Ein Lehr- und Praxisbuch, Weinheim, Beltz 2002, S. 240.)

3.2.3 Verknüpfung der Theorie mit Altersangaben nach Fowler 1981

Übersicht über Kohlbergs Stadien der moralischen Entwicklung

Geburt Lebensalter in Jahren:

2	6	10	12	21	35 u. älter*
Orientierung an Bestrafung und Gehorsam (heterogene Moralität)	Naivinstrumen-telle oder egoistische Orientierung (instrumenteller Austausch)	„Guter Junge, liebes Mädchen"-Orientierung (gegenseitige zwischenmensch-liche Beziehung.	„Gesetz und Ordnung"-Orientierung (soziales System und soziales Gewissen)	Sozial-vertragliche Orientierung (individuelle Rechte)	Orientie-rung an universell-ethischen Prinzipien
1.Stadium	2.Stadium	3.Stadium	4.Stadium	5.Stadium	6.Stadium
Präkonventionelle Stufe		**Konventionelle Stufe**		**Postkonventionelle Stufe**	

*Die Altersangaben sind Richtwerte nach Fowler, 1981.

(Aus: Robert Murray, Th./Feldmann, B.: Die Entwicklung des Kindes. Ein Lehr- und Praxisbuch, Weinheim, Beltz 2002, S. 240)

3.2.4 Differenzierte Hilfestellungen zum Verständnis des kategorischen Imperativs (zur 6. Stufe)

Variante I:
Was besagt der „kategorische Imperativ"?

Da es teilweise so schwer ist zu entscheiden, welche Handlung die „richtige" ist, geben sich die Philosophen, die sich mit ethischen Fragestellungen auseinandersetzen, selten mit einfachen Lösungen zufrieden. Schwierig ist es aber nun, Werte und Handlungsrichtlinien festzulegen, die man verallgemeinern kann. Der deutsche Philosoph Immanuel Kant hat beispielsweise den berühmten „kategorischen Imperativ" formuliert.

„Handle nur nach derjenigen Maxime, durch die du zugleich wollen kannst, dass sie ein allgemeines Gesetz werde."

Demnach ist Moral der eigene Wille jedes Einzelnen: Er muss die Regeln seines Handelns selbst bestimmen, aber danach beurteilen, ob sie verallgemeinerbar sind und von allen befolgt werden könnten/sollten. Grundsätzlich sollte man andere nicht so behandeln, wie man selbst nicht behandelt werden will. Das allein reicht aber nicht aus: Die Regeln, die unserem Handeln zugrunde liegen, müssen dabei stets auf die Allgemeinheit übertragen werden können – dahinter steckt also die Frage: Was wäre, wenn alle so handeln würden?

Die philosophische Richtung, die sich mit der Begründung und Gültigkeit von moralischen Werten und Maßstäben befasst, nennt man auch „Moralphilosophie". Die Ethik thematisiert das „moralische Handeln" grundsätzlich, fragt nach seinen Richtlinien und Bewertungsmöglichkeiten und untersucht die Bedingungen, unter denen moralische Werte „verbindlich" sind. Im Gegensatz zur „Moral" beruft sich die Ethik nicht einfach auf naturgegebene Werte und menschliche Regeln des Handelns und Zusammenlebens, die aus Erfahrung, Gewohnheit und Tradition heraus entstanden sind oder sich für uns „richtig" anfühlen. Auch auf die Regeln des Rechtssystems oder „göttliche Gebote" der Religion greift sie nicht fraglos zurück, sondern prüft und untersucht diese. Die Ethik bewegt sich gleichzeitig auf einer so genannten „Metaebene" (das altgriechische Wort „meta" bedeutet „hinter" oder „jenseits") – gemeint ist eine höhere Stufe der Betrachtung, auf der sie nicht nur ihren Gegenstand der Untersuchung, sondern auch sich selbst und ihren eigenen Blick darauf hinterfragt.

Aus: https://www.helles-koepfchen.de/lexikon/ethik.html (adaptiert)

Variante II:

Der kategorische Imperativ

Das absolut gebietende Sittengesetz gilt es nun zu explizieren. Ein guter Wille kann nicht den willkürlichen und beliebigen Wünschen und Neigungen eines Individuums nachgeben. Er muss sich vielmehr selbst ein moralisches Gesetz geben. Was aber ist unter einem solchen „moralischen Gesetz" zu verstehen?

Was kann das aber wohl für ein Gesetz sein, dessen Vorstellung, auch ohne auf die daraus erwartete Wirkung Rücksicht zu nehmen, den Willen bestimmen muss, damit dieser schlechterdings und ohne Einschränkung gut heißen könne? Da ich den Willen aller Antriebe beraubt habe, die ihm aus der Befolgung irgend eines Gesetzes entspringen könnten, so bleibt nichts als die allgemeine Gesetzmäßigkeit der Handlungen überhaupt übrig, welche allein dem Willen zum Prinzip dienen soll, d. i. ich soll niemals anders verfahren als so, dass ich auch wollen könne, meine Maxime solle ein allgemeines Gesetz werden. Hier ist nun die bloße Gesetzmäßigkeit überhaupt (ohne irgend ein auf gewisse Handlungen bestimmtes Gesetz zum Grunde zu legen) das, was dem Willen zum Prinzip dient und ihm auch dazu dienen muss, wenn Pflicht nicht überall ein leerer Wahn und chimärischer Begriff sein soll; hiermit stimmt die gemeine Menschenvernunft in ihrer praktischen Beurteilung auch vollkommen überein, und hat das gedachte Prinzip jederzeit vor Augen.

(Kant: Grundlegung zur Metaphysik der Sitten, 402,1.)

Dieses formale Prinzip des Willens bezieht sich nach Kant nicht auf Einzelhandlungen. Es hat einen bloß formalen Charakter. Um universell gültig zu sein, darf es nicht material bestimmt sein.

Drei Formulierungen des kategorischen Imperativs:

1) *„Handle nur nach derjenigen Maxime, durch die du zugleich wollen kannst, dass sie ein allgemeines Gesetz werde."*
(Allgemeine Gesetzes-Formel)

2) *„Handle so, dass du die Menschheit, sowohl in deiner Person als auch in der Person jedes andern jederzeit zugleich als Zweck, niemals bloß als Mittel brauchst."*
(Selbst-Zweck-Formel)

3) *„Handle so, dass die Maxime deiner Handlung mit der Idee des Willens jedes vernünftigen Wesens als eines allgemein gesetzgebenden Willens vereinbar ist."*
(Autonomie-Formel)

Alle Imperative beinhalten für Kant ein Sollen. Sie haben als besonders qualifizierte Handlungsregeln für alle vernünftigen Wesen objektive Gültigkeit. Damit hängt ihre imperativische Natur zusammen. Sie haben normativen Charakter, schreiben etwas vor gegen den möglichen Widerstand von Neigungen und Interessen.

Kant unterscheidet zwischen *hypothetischen* und *kategorischen* Imperativen.

(Aus: Pfeifer, V.: Ethisch argumentieren. Eine Anleitung anhand von aktuellen Fallanalysen, Braunschweig, Paderborn, Darmstadt, Schöningh, 2009, S. 33)

3.2.5 Mögliche Sicherung zu Kohlbergs Stufenmodell mit vertiefender Aufgabenstellung

Vertiefende Aufgabe: Formulieren Sie die Überlegungen zu jeder Stufe bitte als Ich-Aussage. Z. B.: Stufe 1: „Ich will nicht bestraft werden!" Oder Stufe 3: „Ich will, dass mich alle mögen!"

Viel Erfolg!!!

Vertiefende und abstrahierende Aufgabenstellung: Formulieren Sie die Überlegungen zu jeder Stufe bitte als Appell. Z. B: Stufe 1: „Befolge die Regeln, um Strafe zu vermeiden!" oder Stufe 3: „Verhalte dich konform, um die Abneigung und Missbilligung der anderen zu vermeiden."

Viel Erfolg!!!

3.2.6 Mögliche Lösung nach Kohlberg zur Selbstkontrolle

Bitte tauschen Sie Ihre Ergebnisse zum Selbsttest mit einem Kursmitglied. Nun korrigieren/ergänzen Sie bitte die Ergebnisse Ihres Mitschülers mit Hilfe der untenstehenden Lösungen. Achten Sie hierbei bitte auf inhaltliche Richtigkeit und einen konstruktiven Umgang (nicht nur anstreichen, sondern Lösung vorschlagen!).

Stufe 1: Befolge Regeln, um Strafe zu vermeiden.

Stufe 2: Verhalte dich konform, um Belohnungen zu bekommen, erwidere Gefälligkeiten usw.

Stufe 3: Verhalte dich konform, um Mißbilligung und Abneigung der anderen zu vermeiden.

Stufe 4: Verhalte dich konform, um die Kritik durch legitime Autoritäten und daraus folgende Schuldgefühle zu vermeiden.

Stufe 5: Entspreche den Regeln (Prinzipien), um die Achtung des unvoreingenommenen Zuschauers zu bewahren, der im Sinne des allgemeinen Wohlergehens urteilt.

Stufe 6: Entspreche den Regeln (Prinzipien), um Selbsturteilungen zu vermeiden.

(Aus: Kohlberg, L.: Die Psychologie der Moralentwicklung, Frankfurt a. M., Suhrkamp, 1996, S. 27)

3.2.7 Lernkontrolle zu Kohlberg am Beispiel Heinz

Nun kehren wir zu dem Dilemma mit Heinz und seiner sterbenden Frau zurück. Unten finden Sie

1. die Beschreibungen der einzelnen Stufen nach Kohlberg
2. eine mögliche Argumentation von Heinz **für (Pro)** den Diebstahl
3. eine mögliche Argumentation von Heinz **gegen (Contra)** den Diebstahl
4. die Ziffern 1–6 zur Bezeichnung der Stufen

Bitte schneiden Sie die vorliegenden Schnipsel aus und sortieren sie in die richtige Reihenfolge (Jede Stufe braucht: Ziffer, Beschreibung, Pro- und Contra-Argument).

BITTE ERST NACH DER KONTROLLE AUFKLEBEN !!!

Viel Erfolg!!!

Arbeitsblatt zum Heinz Dilemma

Motive und Bedürfnis – Konsequenzen der Handlung werden bei der Beurteilung der Schlechtigkeit ignoriert, weil das Hauptinteresse der irrelevanten physischen Form der Handlung (z. B. Größe einer Lüge) oder den Konsequenzen der Handlung gilt (z. B. Höhe des physischen Schadens).

Formelle Feststellung, daß die Umstände oder das Motiv zwar die Mißbilligung modifizieren, daß aber die allgemeine Regel gilt, daß der Zweck nicht die Mittel rechtfertig. Die Umstände rechtfertigen zwar abweichende Handlungen bis zu einem gewissen Maß, doch sie lassen sie nicht richtig erscheinen und führen nicht zur Aufhebung der Kategorien der Moral. (Unterscheidet zwischen moralischem Tadel wegen der hinter der Regel-Übertretung stehenden Absicht und der legalen oder prinzipiellen Notwendigkeit, keine Ausnahmen von der Regel zu machen.)

Gute Motive machen eine Handlung nicht richtig (oder falsch); aber wenn eine Handlung aus der Entscheidung folgt, nach allgemeinen, selbstgewählten Prinzipien zu handeln, dann kann sie nicht falsch sein. Es mag tatsächlich richtig sein, von den Regeln abzuweichen, aber nur unter Umständen, welche eine Entscheidung zwischen der Abweichung von den Regeln und der konkreten Verletzung eines moralischen Prinzips erzwingen. (Unterscheidet zwischen guten Motiven bei der Befolgung eines moralischen Prinzips und natürlichen Motiven, eine Regel einzuhalten. Erkennt, daß moralische Prinzipien ebensowenig Ausnahmen zulassen wie legale Regeln.

Eine Handlung ist immer oder kategorisch falsch, ungeachtet der Motive und Umstände, wenn sie eine Regel verletzt und anderen absehbaren Schaden zufügt. (Unterscheidet Handeln aus Pflichtgefühl gegenüber einer Regel von generellem „gutem" Handeln aus natürlichen Motiven.)

Contra. – Man kann ihn nicht wirklich verurteilen, weil er es gestohlen hat, aber auch extreme Umstände rechtfertigen nicht, daß man selbst das Gesetz in die Hand nimmt. Man kann nicht zulassen, daß jedermann stiehlt, sobald er verzweifelt ist. Der Zweck mag gut sein, aber der Zweck rechtfertigt nicht die Mittel.

Contra. – Er sollte nicht stehlen. Wenn seine Frau stirbt, kann man ihm keinen Vorwurf machen. Es ist ja nicht so, als wäre er herzlos und würde sie nicht genug lieben, um alles für sie tun, was ihm rechtlich möglich ist. Der Apotheker ist der Egoist und der Herzlose.

Contra. – Es ist ganz natürlich, daß Heinz seine Frau retten will, aber dennoch ist es falsch, zu stehlen. Er weiß doch, daß er stiehlt und dem Hersteller ein wertvolles Medikament raubt.

Contra. – Heinz steht vor der Entscheidung, ob er berücksichtigen will, daß andere Menschen das Medikament ebenso sehr benötigen wie seine Frau. Er sollte nicht nach seinen besonderen Gefühlen zu seiner Frau handeln, sondern auch den Wert aller anderen Leben bedenken.

Contra. – Er sollte das Medikament nicht stehlen, das ist ein großes Verbrechen. Er war dazu nicht befugt, er gebrauchte Gewalt und brach ein. Er hat großen Schaden angerichtet, indem er ein teures Medikament stahl, und auch indem er in die Apotheke einbrach.

Contra. – Er sollte es nicht stehlen. Der Apotheker tut nichts Unrechtes oder Schlechtes, er will nichts anderes, als Profit machen. Das ist doch der Sinn eines Geschäfts, Geld verdienen.

Pro. – Dies ist eine Situation, die ihn zu der Entscheidung zwingt, entweder zu stehlen oder seine Frau sterben zu lassen. In einer Situation, die eine solche Entscheidung verlangt, ist es richtig, zu stehlen. Er muß dem Prinzip folgen, das Leben zu achten und zu erhalten.

Pro. – Das Gesetz sieht solche Fälle nicht vor. Das Medikament zu rauben ist zwar nicht richtig, doch es ist gerechtfertigt.

Pro. – Er sollte das Medikament stehlen. Es sich zu nehmen, ist nicht wirklich schlecht. Zuerst hat er ja angeboten, dafür zu bezahlen. Das Medikament, das er sich nahm, war nur 200 Dollar wert, in Wirklichkeit hat er gar nicht einen Wert von 2000 Dollar gestohlen.

Pro. – Er sollte das Medikament stehlen. Er tat nur etwas, das für einen guten Ehemann ganz natürlich ist. Man kann ihn nicht für etwas tadeln, was er aus Liebe zu seiner Frau tut, eher sollte man ihn tadeln, wenn er seine Frau nicht genug lieben würde, um ihr helfen zu wollen.

Pro. – Es ist in Ordnung, das Medikament zu stehlen, weil die Frau es braucht und er will, daß sie am Leben bleibt. Er will ja eigentlich nicht stehlen, aber es ist und bleibt ihm gar nichts anderes übrig, um das Medikament zu bekommen und sie zu retten.

Pro. – Er sollte es stehlen. Wenn er nichts täte, ließe er sie sterben, und er wäre dafür verantwortlich, daß sie stirbt. Er muß es stehlen und sich vornehmen, es dem Apotheker später zu bezahlen.

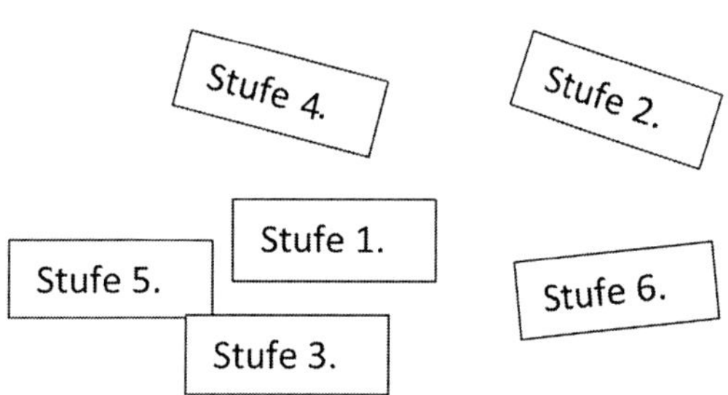

Handeln wird nach dem Typ des Motivs oder der Person, die wahrscheinlich die Handlung begeht, bewertet. Eine Handlung ist nicht schlecht, wenn sie der Ausdruck einer „guten" oder altruistischen Motivation oder Person ist, und sie ist nicht gut, wenn sie der Ausdruck einer „bösen" oder egoistischen Motivation oder Person ist. Die Umstände können eine abweichende Handlung entschuldigen oder rechtfertigen. (Unterscheidet gute Motive, für die eine Handlung instrumentell ist, von menschlichen, aber egoistischen Bedürfnissen, für die sie instrumentell ist.)

Das Urteil ignoriert die Bezeichnung oder die physischen Konsequenzen der Handlung, weil diese, indem sie ein Bedürfnis befriedigt, instrumentellen Wert besitzt oder weil sie nicht schadet – etwa den Bedürfnissen eines anderen. (Unterscheidet zwischen dem Wert der Handlung für menschliche Bedürfnisse und ihrer physischen Form oder ihren Konsequenzen.)"

(Aus: Helbig, L.: Politik.Sozialisation. Frankfurt a. M., Diesterweg, 1979, S. 108ff.)

3.2.8 Musterlösung zur Selbstkontrolle

Vergleichen Sie nun bitte Ihre Ergebnisse mit der Musterlösung. Mögliche Verständnisprobleme oder Rückfragen bitte unbedingt klären.

Der kognitivistische Ansatz

„Ein moralisches Problem und seine Lösungen auf den verschiedenen Stufen des moralischen Bewußtseins

Im folgenden verdeutlicht Kohlberg seines sechs Stufen des moralischen Bewußtseins, indem er Probanden ein moralisches Problem vorlegt. Auf jeder der Stufen liegt eine andere Orientierung an Intentionen und Konsequenzen der Tat vor, auf die die Probanden zu reagieren hatten. Unerheblich war es dabei, ob die Probanden die Tat guthießen oder ablehnten. Für die Stufe des moralischen Bewußtseins, das sie jeweils erreicht haben, ist die Art der Argumentation entscheidend.

Irgendwo in Europa stand eine krebskranke Frau kurz vor dem Tode. Es gab ein Medikament, das sie hätte retten können, eine Radiumverbindung, die ein Apotheker in jener Stadt vor kurzem entdeckt hatte. Der Apotheker verlangte dafür 2000 Dollar, das Zehnfache dessen, was ihn die Herstellung des Medikaments kostete. Der Mann der kranken Frau, Heinz, bat alle seine Bekannten, ihm Geld zu borgen, aber er konnte nur etwa die Hälfte des Preises zusammenbringen. Er sagte dem Apotheker, daß seine Frau im Sterben liege, und bat ihn, ihm das Medikament billiger zu verkaufen oder ihn später bezahlen zu lassen. Aber der Apotheker sagte „Nein“. In seiner Verzweiflung brach der Ehemann in die Apotheke ein und stahl das Medikament für seine Frau. Sollte er das tun? Warum?

Stufe 1. Motive und Bedürfnis – Konsequenzen der Handlung werden bei der Beurteilung der Schlechtigkeit ignoriert, weil das Hauptinteresse der irrelevanten physischen Form der Handlung (z. B. Größe einer Lüge) oder den Konsequenzen einer Handlung gilt (z. B. Höhe des physischen Schadens).

Pro. – Er sollte das Medikament stehlen. Es sich zu nehmen, ist nicht wirklich schlecht. Zuerst hat er ja angeboten, dafür zu bezahlen. Das Medikament, das er sich nahm, war nur 200 Dollar wert, in Wirklichkeit hat er gar nicht einen Wert von 2000 Dollar gestohlen.
Contra. – Er sollte das Medikament nicht stehlen, das ist ein großes Verbrechen. Er war dazu nicht befugt, er gebrauchte Gewalt und brach ein. Er hat großen Schaden angerichtet, indem er ein teures Medikament stahl, und auch indem er in die Apothekte einbrach.

Stufe 2. Das Urteil ignoriert die Bezeichnung oder die physischen Konsequenzen der Handlung, weil diese, indem sie ein Bedürfnis befriedigt, instrumentellen Wert besitzt oder weil sie nicht schadet – etwa den Bedürfnissen eines anderen. (Unterscheidet zwischen dem Wert der Handlung für menschliche Bedürfnisse und ihrer physischen Form oder ihren Konsequenzen.)

Pro. – Es ist in Ordnung, das Medikament zu stehlen, weil die Frau es braucht und er will, daß sie am Leben bleibt. Er will ja eigentlich nicht stehlen, aber es bleibt ihm gar nichts anderes übrig, um das Medikament zu bekommen und sie zu retten.

Contra. – Er sollte es nicht stehlen. Der Apotheker tut nichts Unrechtes oder Schlechtes, er will nichts anderes, als Profit machen. Das ist doch der Sinn eines Geschäfts, Geld verdienen.

Stufe 3. Handeln wird nach dem Typ des Motivs oder der Person, die wahrscheinlich die Handlung begeht, bewertet. Eine Handlung ist nicht schlecht, wenn sie der Ausdruck einer „guten“ oder altruistischen Motivation oder Person ist, und sie ist nicht gut, wenn sie der Ausdruck einer „bösen“ oder egoistischen Motivation oder Person ist. Die Umstände können eine abweichende Handlung entschuldigen oder rechtfertigen. (Unterscheidet gute Motive, für die eine Handlung instrumentell ist, von menschlichen, aber egoistischen Bedürfnissen, für die sie instrumentell ist.)

Pro. – Er sollte das Medikament stehlen. Er tat nur etwas, das für einen guten Ehemann ganz natürlich ist. Man kann ihn nicht für etwas tadeln, was er aus Liebe zu seiner Frau tut, eher sollte man ihn tadeln, wenn er seine Frau nicht genug lieben würde, um ihr helfen zu wollen.

Contra. – Er sollte nicht stehlen. Wenn seine Frau stirbt, kann man ihm keinen Vorwurf machen. Es ist ja nicht so, als wäre er herzlos und würde sie nicht genug lieben, um alles für sie zu tun, was ihm rechtlich möglich ist. Der Apotheker ist der Egoist und der Herzlose.

Stufe 4. Eine Handlung ist immer oder kategorisch falsch, ungeachtet der Motive und Umstände, wenn sie eine Regel verletzt und anderen absehbaren Schaden zugefügt. (Unterscheidet Handeln aus Pflichtgefühl gegenüber einer Regel von generellem „gutem" Handeln aus natürlichen Motiven.)

Pro. – Er sollte es stehlen. Wenn er nichts täte, ließe er sie sterben, und er wäre dafür verantwortlich, daß sie stirbt. Er muß es stehlen und sich vornehmen, es dem Apotheker später zu bezahlen.

Contra. – Es ist ganz natürlich, daß Heinz seine Frau retten will, aber dennoch ist es falsch, zu stehlen. Er weiß doch, daß er stiehlt und dem Hersteller ein wertvolles Medikament raubt.

Stufe 5. Formelle Feststellung, daß die Umstände oder das Motiv zwar die Mißbilligung modifizieren, daß aber die allgemeine Regel gilt, daß der Zweck nicht die Mittel rechtfertigt. Die Umstände rechtfertigen zwar abweichende Handlungen bis zu einem gewissen Maß, doch sie lassen sie nicht richtig erscheinen und führen nicht zur Aufhebung der Kategorien der Moral. (Unterscheidet zwischen moralischem Tadel wegen der hinter der Regel-Übertretung stehenden Absicht und der legalen oder prinzipiellen Notwendigkeit, keine Ausnahmen von der Regel zu machen.)

Pro. – Das Gesetz sieht solche Fälle nicht vor. Das Medikament zu rauben ist zwar nicht richtig, doch es ist gerechtfertigt.

Contra. – Man kann ihn nicht wirklich verurteilen, weil er es gestohlen hat, aber auch extreme Umstände rechtfertigen nicht, daß man selbst das Gesetz in die Hand nimmt. Man kann nicht zulassen, daß jedermann stiehlt, sobald er verzweifelt ist. Der Zweck mag gut sein, aber der Zweck rechtfertigt nicht die Mittel.

Stufe 6. Gute Motive machen eine Handlung nicht richtig (oder falsch); aber wenn eine Handlung aus der Entscheidung folgt, nach allgemeinen, selbstgewählten Prinzipien zu handeln, dann kann sie nicht falsch sein. Es mag tatsächlich richtig sein, von den Regeln abzuweichen, aber nur unter Umständen, welche eine Entscheidung zwischen der Abweichung von den Regeln und der konkreten Verletzung eines moralischen Prinzips erzwingen. (Unterscheidet zwischen guten Motiven bei der Befolgung eines moralischen Prinzips und natürlichen Motiven, eine Regel einzuhalten. Erkennt, daß moralische Prinzipien ebensowenig Ausnahmen zulasssen wie legale Regeln.)

Pro. – Dies ist eine Situation, die ihn zu der Entscheidung zwingt, entweder zu stehlen oder seine Frau sterben zu lassen. In einer solchen Situation, die eine solche Entscheidung verlangt, ist es richtig, zu stehlen. Er muß dem Prinzip folgen, das Leben zu achten und zu erhalten.

Contra. – Heinz steht vor der Entscheidung, ob er berücksichtigen will, daß andere Menschen das Medikament ebenso sehr benötigen wie seine Frau. Er sollte nicht nach seinen besonderen Gefühlen zu seiner Frau handeln, sondern auch den Wert aller anderen Leben bedenken."

(Lawrence Kohlberg: Zur kognitiven Entwicklung des Kindes. Suhrkamp Verlag, Frankfurt a. M. 1974, S. 66 ff.)

3.2.9 Einordnung der eigenen Lösung (2.1.2) mit Hilfe der Musterlösung zu Heinz und dem Stufenmodell von Kohlberg

Tauschen Sie nun bitte mit einer Vertrauensperson im Kurs Ihre Stellungnahme zu Heinz.

Ordnen Sie die Aussagen des Ihnen vorliegenden Textes eines Mitschülers bitte in Kohlbergs Stufenmodell ein. Hierbei gilt: Jede Aussage eine Stufe!

Anschließend schauen Sie bitte, welche Stufe die höchstgenannte ist. Auf diesem moralischen Urteilsniveau ist der Text einzuordnen.

Anschließend formulieren Sie bitte ein Argument auf der nächsthöheren Stufe (Kohlbergs Prinzip +1) und geben das Blatt zurück.

3.3 Erarbeitung der möglichen Kritikpunkte an Kohlbergs Theorie

3.4 Ein Vergleich von Piaget und Kohlberg, sowie Kohlberg und Erikson schließt sich logisch an

Stufen der Entwicklung: Gemeinsamkeiten zwischen Lawrence Kohlberg und Jean Piaget

„Die erste Stufe Kohlbergs betrachte ich als Ergebnis einer ersten Form des Subjekt-Objekt-Gleichgewichts, bei dem die Wahrnehmungen (soziale oder materielle) noch „auf der Seite“ des Subjekts sind. Kinder der vor-operativen Ebene Piagets geben merkwürdige Antworten auf die Fragen, bei denen die über die Wahrnehmung hinausreichende Beständigkeit von Gegenständen erfasst werden muss, weil sie nicht die Rolle ihrer Wahrnehmungen annehmen und dabei gleichzeitig sie selbst sein können; sie können nicht jemand von ihren Wahrnehmungen Verschiedenes sein. Kohlbergs Stufe 1 ergänzt die Befunde Piagets für den sozialen Bereich: Das Kind ist unfähig, zwischen dem anderen und seiner Wahrnehmung des anderen zu unterscheiden, es kann nicht die eigene Wahrnehmung zurückstellen und den anderen so sehen, wie er aufgrund seiner eigenen Eigenschaften ist. Piaget erzählte Kindern der vor-operativen und der konkret-operativen Phase folgende Geschichte (1948):

Einem kleinen Jungen war von der Mutter verboten worden, ihre besonders zerbrechlichen Tassen anzufassen. Er aber nahm eine der Tassen in die Hand und ließ sie absichtlich fallen, sodass sie zersprang. Ein anderer Junge hatte kein solches Verbot erhalten: Um seiner Mutter zu helfen, wollte er ein Tablett mit zwölf Tassen zu ihr bringen. Aus Versehen ließ er das Tablett fallen, und alle Tassen gingen kaputt. „Sind diese Jungen beide gleich schlimme Übeltäter? (la même chose vilain)?“, fragte Piaget. Wenn nicht, „welcher der Jungen ist der schlimmere und warum?“ Manche der befragten Kinder hielten den ersten Jungen für den Schlimmeren, andere den zweiten, aber diese Unterschiede waren keinesfalls zufällig. Kinder, die nicht erkennen, dass in den verschiedenen Bechern die gleiche Flüssigkeitsmenge ist, oder bei denen auf sonstige Weise deutlich wird, dass sie noch dem vor- operativen Denken verhaftet sind, meinen gewöhnlich, der Junge, der die zwölf Tassen zerbrochen hat, sei der Schlimmere; für Kinder der konkreten Ebene ist der erste Junge der Schlimmere. [...]

Wechselseitige Rollenübernahme ist Voraussetzung dafür, dass man Übereinkünfte wie die goldene Regel verstehen kann. In Selmans ausgezeichneten Untersuchungen über soziale Urteilsbildung und Rollenübernahme wurden Kinder auch zur goldenen Regel befragt – was das ist, was sie besagt, ob es eine gute Regel ist und warum. Er fand, dass Kinder der konkret-operativen Stufe die Regel fehlerfrei aufsagen konnten. Fragte man sie jedoch, was man dieser Regel zufolge machen sollte, wenn jemand kommt und dich schlägt, so antworteten sie meistens: „Zurückschlagen. Tue dem anderen, was er dir tut.“ (Eine Parallele dazu findet man auf einer anderen Entwicklungsstufe und in einem anderen Bereich der Bedeutungsbildung: Kinder der vor-operativen Stufe können ihre eigene rechte und linke Hand unterscheiden. Stellen wir uns aber vor sie und fragen, welches unsere linke Hand ist, so fallen ihre Antworten merkwürdig aus.)

Eines der von Selman untersuchten Kinder bringt besonders schön zum Ausdruck, welche Mühen es kostet, die goldene Regel in ihrer Komplexität zu verstehen, wenn man sich gerade erst von der Gebundenheit an das Konkrete gelöst hat und noch mit den neuen Zusammenhängen kämpft, die nun erkannt werden können:

„Also, die goldene Regel ist die beste Regel; denn wenn man reich wäre, könnte man träumen, man wäre arm und wie das ist. Der Traum könnte dann wieder in unseren Kopf zurückgehen, und wir können uns an ihn erinnern und helfen, entsprechende Gesetze zu machen.“

(Aus: Keagan, R: Die Entwicklungsstufen des Selbst, München, Uhlendorf, 2011, S. 78, 82, 86)

Aufgaben:

1. **Bitte nennen Sie die Hauptaussagen des Textes. Suchen Sie hierbei nach Vergleichspunkten mit den Theorien von Piaget und Erikson.**
2. **Vergleichen Sie die Hauptaussagen bitte mit den Aussagen von Piaget.**
3. **Beurteilen Sie nun, inwiefern Kohlbergs Theorie mit Piagets Theorie vergleichbar ist.**
4. **Zusatzaufgabe:**
   Überlegen Sie bitte, ob es Ihrer Meinung nach auch Vergleichspunkte von Kohlberg und Erikson gibt.

Viel Erfolg!!!

3.5 Fakultative Vertiefung der Entwicklung der moralischen Urteilsfähigkeit der Schüler*innen mit Hilfe eines weiteren Dilemmas (praktische Ebene)

3.5.1 Dilemma 2 „Dilemma X“ und Methode 2 „Sokratisches Gespräch“

Verlauf einer Dilemma-Diskussion

Tätigkeiten der Lernenden	Ablauf	Tätigkeit der Lehrpersonen
	1. Schritt Konfrontation mit einem moralischen Dilemma	
Nachdenken und Suchen der eigenen Person (Stellungnahme)		Überprüfen, ob die Lernenden die Umstände erfasst und das Problem erkannt haben
	2. Schritt Festlegung einer ersten Position	
Individuelles Reflektieren über die eigene Position. Verknüpfen der eigenen Position mit dem Wissen über verschiedenartige Wertkonzepte. Festlegen der eigenen Position und der Gründe dafür		Aufnahme der einzelnen Positionen und Begründungen an der Wandtafel
	3. Schritt Überprüfen der Positionen und ihrer Begründungen	
Mitwirkung in der Klassendiskussion Mitwirkung in Kleingruppen		Entweder: Moderieren des Dialogs mit der Klasse Oder: Organisieren der Kleingruppenarbeit
	4. Schritt Nachdenken über die eigene Position (Stellungnahme und Auswertung)	
Individuelles Nachdenken und Festlegen der definitiven eigenen Position		Moderieren der Nachbesprechung

(Aus: Pfeifer, V.: Ethisch argumentieren. Eine Anleitung anhand von aktuellen Fallanalysen, Braunschweig, Paderborn, Darmstadt, Schöningh, 2009, S. 86)

3.5.2 Beispiel für eine mögliche Dilemmasituation

Frau Dr. Paul

„**Frau Dr. Paul** war sich während der Anfangsphase ihres praktischen Jahres im Krankenhaus vollkommen dessen bewusst, dass die Entnahme von Organen oder Hauttransplantaten von Toten ohne das Einverständnis der Angehörigen illegal ist. Außerdem verletzte eine solche Entnahme grundsätzlich ihren Glauben.

Sie erfuhr jedoch sehr schnell, dass es im Krankenhaus Engpässe gab, wenn es insbesondere darum ging, Menschen mit schweren Hautverletzungen mit Transplantaten zu versorgen.

Eines Tages teilt ihr ihr Chefarzt mit: Das Team benötigt sofort ein Hauttransplantat für eine Notoperation. Weil jedoch keines zur Verfügung steht, soll Frau Dr. Paul in die Pathologie gehen und Toten Haut entnehmen. Sie darf jedoch mit niemandem darüber sprechen.

Was soll Frau Dr. Paul tun?“

(aus: http://arbeitsblaetter.stangl-taller.at/, am 9.10.2018)

Aufgabe:

Bitte lesen Sie das vorliegende Dilemma und urteilen Sie spontan darüber, was Frau Dr. Paul tun sollte.

3.6 Einordnung fremder Argumente in Kohlbergs Stufenmodell

3.6.1 Notizen zur Biografie von Adolf Eichmann

„**Otto Adolf Eichmann** (* 19. März 1906 in Solingen; † 1. Juni 1962 in Ramla bei Tel Aviv, Israel) war ein deutscher SS-Obersturmbannführer. Während der Zeit des Nationalsozialismus und des Zweiten Weltkrieges leitete er in Berlin das „Eichmannreferat“. Diese zentrale Dienststelle des Reichssicherheitshauptamtes (RSHA, mit dem Kürzel IV D4) organisierte die Verfolgung, Vertreibung und Deportation von Juden und war mitverantwortlich für die Ermordung von schätzungsweise sechs Millionen Menschen im weitgehend vom NS-Staat besetzten Europa. Im Mai 1960 wurde Eichmann von israelischen Agenten aus Argentinien entführt und nach Israel gebracht, wo ihm ein öffentlicher Prozess gemacht wurde. Er wurde zum Tode verurteilt und in der Nacht vom 31. Mai auf den 1. Juni 1962 hingerichtet.“

(aus: Wikipedia, 30.11.2020)

Moralische Urteile	**Stufe**
„Tatsächlich war ich nur ein kleines Rädchen in der Maschine, das die Befehle des Deutschen Reiches ausführte.	?
Ich bin weder ein Mörder noch ein Massenmörder. Ich bin ein Durchschnittscharakter mit guten Eigenschaften und vielen Fehlern. Was gibt es denn da zu „gestehen"?	?
Ich führte meine Befehle aus. Mich für die ganze Endlösung der Judenfrage verantwortlich zu machen ist genauso sinnlos, wie man den verantwortlichen Beamten der Eisenbahn verantwortlich machen wollte, auf der die Juden transportiert wurden.	?
Wo wären wir geblieben, wenn jeder sich damals sein Teil gedacht hätte? Das kann man heute in der „neuen" deutschen Armee tun. Aber bei uns war ein Befehl ein Befehl.	?
Hätte ich den Befehl des damaligen Führers des Deutschen Reiches, Adolf Hitler, sabotiert, dann wäre ich nicht nur ein Schuft, sondern ein verächtliches Schwein gewesen wie jene, die ihren Soldateneid brachen und in die Reihen der Anti-Hitler-Verbrecher aus der Verschwörung des 20. Juli 1944 eintraten.	
Ich möchte aber nochmals betonen, daß meine Abteilung nie einen einzigen Vernichtungsbefehl erließ. Wir waren nur für die Deportation verantwortlich.	?
Ich habe mich nur für die Zahl der Transporte interessiert, die ich zusammenstellen mußte. Ganz gleich ob Leute, die auf diese Züge verladen wurden, Bankdirektoren oder Irrenhäusler waren, sie gingen mich nichts an. Das war wirklich nicht mein Geschäft.	? ?
Aber alles in allem muß ich sagen, daß ich nichts bedaure.	
Adolf Hitler mag noch so unrecht gehabt haben, aber eines muß man ihm lassen: dem Mann ist es gelungen, sich vom einfachen Gefreiten im Deutschen Heer zum Führer eines Volkes von nahezu achtzig Millionen hinaufzuarbeiten.	?
Ich bin ihm nie persönlich begegnet, aber sein Erfolg allein bewies mir, daß ich mich diesem Mann unterordnen sollte. Er war irgendwie so haushoch überlegen, daß die Menschen ihn anerkennen mußten. Mit dieser Rechtfertigung habe ich ihn freudig anerkannt, und ich verteidige ihn immer noch. Ich muß ganz ehrlich sagen, wenn wir alle 10 Millionen Juden vernichtet hätten, die Himmlers Statistiker 1933 erfaßt hatten, würde ich sagen: „Gut, wir haben einen Feind vernichtet."	?
Aber damit meine ich nicht, sie völlig beseitigen. Das wäre nicht sauber gewesen – wir führten einen sauberen Krieg."	?

(Kohlberg, L.: Zur kognitiven Entwicklung des Kindes, Frankfurt a.M., Suhrkamp, 1974, S. 71f.)

Bitte ordnen Sie die Aussagen Eichmanns in Kohlbergs Stufenmodell ein. Hierbei können Ihnen das Methodenblatt (3.6.2) sowie das Arbeitsblatt zu Heinz (3.2.8) helfen.

Viel Erfolg!!!

3.6.2 Methodenblatt

Zur Einordnung von vorgegebenen Argumenten eignet sich gut folgendes Vorgehen:

1. Bitte teilen Sie den Text in Unterabschnitte ein.

   Ein Abschnitt besteht immer aus einem durchgängigen Argument.

   Sobald ein neuer Gedanke oder Aspekt auftaucht, müssen Sie einen neuen Abschnitt anfangen, da ansonsten die Einordnung nachher zu schwierig wird.
2. Nun suchen Sie bitte Abschnitt für Abschnitt nach Schlüsselwörtern. Dabei kann Ihnen die Übersicht über Kohlbergs Modell helfen. Markieren Sie die Schlüsselwörter (z. B.: Strafe und Belohnung, good boy, nice girl, Gesetz und Ordnung, etc.).
3. Sollte eine Einordnung dennoch schwierig sein, versuchen Sie zu erkennen, um welche Orientierungsnorm es sich handelt (externalisierter Gewissenstyp, konventioneller Gewissenstyp oder humanistischer Gewissenstyp).
4. Überlegen Sie, welche Ich-Botschaft die argumentierende Person formuliert (z. B. Ich will keine Strafe bekommen, ich muss mich an die Gesetze halten, etc.).
5. Wenn Sie nun eine Entscheidung getroffen haben, in welches Stadium Sie das Argument einsortieren wollen, notieren Sie bitte erläuternde Stichpunkte dazu.
6. Danach überlegen Sie bitte, warum das Argument weder auf dem nächsthöheren noch auf dem nächstniedrigeren Stadium anzusiedeln ist. Notieren Sie auch hierzu Stichworte.

Wenn Sie nun eine schriftliche Einordnung vornehmen sollen, so nennen Sie bitte

1. das Argument in eigenen Worten
2. die Begründung für diese Einordnung
3. die Erklärung, warum es weder in das nächsthöhere noch in das nächstniedrigere Stadium gehören kann.

3.6.3 Musterlösung zur Selbstkontrolle

Moralische Urteile	Stufe
„Tatsächlich war ich nur ein kleines Rädchen in der Maschine,	
das die Befehle des Deutschen Reiches ausführte.	1
Ich bin weder ein Mörder noch ein Massenmörder.	
Ich bin ein Durchschnittscharakter mit guten Eigenschaften und	
vielen Fehlern.	
Was gibt es denn da zu „gestehen"?	3
Ich führte meine Befehle aus.	
Mich für die ganze Endlösung der Judenfrage verantwortlich zu	
machen, ist genauso sinnlos, wie man den verantwortlichen	
Beamten der Eisenbahn verantwortlich machen wollte,	
auf der die Juden transportiert wurden.	1
Wo wären wir geblieben, wenn jeder sich damals sein Teil gedacht hätte?	
Das kann man heute in der „neuen" deutschen Armee tun.	
Aber bei uns war ein Befehl ein Befehl.	1
Hätte ich den Befehl des damaligen Führers des Deutschen	
Reiches, Adolf Hitler, sabotiert, dann wäre ich nicht nur ein	
Schuft, sondern ein verächtliches Schwein gewesen, wie jene, die	
ihren Soldateneid brachen und in die Reihen der Anti-Hitler-	
Verbrecher aus der Verschwörung des 20. Juli 1944 eintraten.	
Ich möchte aber nochmals betonen, daß meine Abteilung nie	1
einen einzigen Vernichtungsbefehl erließ.	
Wir waren nur für die Deportation verantwortlich.	
Ich habe mich nur für die Zahl der Transporte interessiert, die	2
ich zusammenstellen mußte.	
Ganz gleich ob Leute, die auf diese Züge verladen wurden,	
Bankdirektoren oder Irrenhäusler waren, sie gingen mich nichts an.	
Das war wirklich nicht mein Geschäft.	2
Aber alles in allem muß ich sagen, daß ich nichts bedaure.	
Adolf Hitler mag noch so unrecht gehabt haben, aber eines muß	2
man ihm lassen: dem Mann ist es gelungen, sich vom einfachen	
Gefreiten im Deutschen Heer zum Führer eines Volkes von nahezu	
achtzig Millionen hinaufzuarbeiten.	
Ich bin ihm nie persönlich begegnet, aber sein Erfolg allein	1
bewies mir, daß ich mich diesem Mann unterordnen sollte.	
Er war irgendwie so haushoch überlegen, daß die Menschen ihn	
anerkennen mußten.	
Mit dieser Rechtfertigung habe ich ihn freudig anerkennant, und	
ich verteidige ihn immer noch.	
Ich muß ganz ehrlich sagen, wenn wir alle 10 Millionen Juden	
vernichtet hätten, die Himmlers Statistiker 1933 erfaßt hatten,	
würde ich sagen: „Gut, wir haben einen Feind vernichtet."	
Aber damit meine ich nicht, sie völlig beseitigen. Das wäre nicht	2
sauber gewesen – wir führten einen sauberen Krieg."	

(Kohlberg, L.: Zur kognitiven Entwicklung des Kindes. Frankfurt a.M., suhrkamp, 1974, S.. 71f.)

Aufgabe: Vergleichen Sie nun bitte Ihre Ergebnisse mit der vorliegenden Musterlösung und klären Sie Fragen, Widersprüche etc.

3.6.4 Anregungs- und Hemmungsbedingungen zur stufenweisen Höherentwicklung der moralischen Urteilsfähigkeit

„Nun stellt sich die Frage, wie man die Entwicklung einer Höheren Urteilsfähigkeit begünstigen oder schlimmstenfalls verzögern könnte. Daher finden Sie hier eine Übersicht dazu.

Aufgabe:

1. Lesen Sie die vorliegende Übersicht und versuchen Sie sich Beispiele für die jeweils als anregend oder hemmend beschriebenen Faktoren zu überlegen.
2. Tauschen Sie sich mit Ihrem Sitznachbarn oder Ihrer Gruppe zu den einzelnen Bedingungen aus und versuchen Sie Fragen zu klären.
3. Definieren Sie nun die Bedingungen, die Sie pro Stufe für am wichtigsten halten und begründen Sie bitte, warum.

Anregungs- und Hemmungsbedingungen für die stufenweise Höherentwicklung des moralischen Urteilens

Stufenunabhängige Bedingungen

Anregungsbedingungen	Hemmungsbedingungen
⇨ Gelegenheit zur Rollenübernahme ⇨ Partizipation an Entscheidungen ⇨ Einnahme von Positionen mit eigener Verantwortung ⇨ Offene Konfrontation mit sozialen Problemen und Konflikten	⇨ Verdrängung/Verleugnung von Widersprüchen ⇨ Machtorientierte, standardisierte Kommunikation

Übergangsbedingungen vom präkonventionellen zum konventionellen Niveau

Anregungsbedingungen	Hemmungsbedingungen
⇨ Stabile emotionale Akzeptanz durch die Eltern ⇨ Soziale Wertschätzung durch (Autoritäten) Lehrer und Gleichartige ⇨ Erfahrungen durch Handlungskonsequenzen für andere	⇨ Inkonsistente Autoritäten ⇨ Ungerechtfertigte Gehorsamsanforderungen ⇨ Instrumenteller Missbrauch von Macht ⇨ Erfahrungen von Machtausübung von und durch Liebesentzug

Übergangsbedingungen vom konventionellen zum postkonventionellen Niveau

Anregungsbedingungen	Hemmungsbedingungen
⇨ Konfrontation mit sich widersprechenden Rollen/Normen ⇨ Erfahrung mit Verantwortung ⇨ Erfahrung mit Partizipation ⇨ Selbstständigkeit	⇨ Konfrontation mit untergeordneten sozialen Strukturen oder völlig unverträglichen Standards ⇨ Fehlen jeder Verantwortung“

(aus: Eckensberger, L.H.: Die Entwicklung des moralischen Urteils. In: Bach, J./Rothgang, G.-W. (Hg.): Entwicklungspsychologie. Stuttgart, Kohlhammer Verlag, 1998, S. 76)

4. Just Community

Kohlbergs Stufenmodell bildet die Grundlage für sog. Just-Community-Modelle. Hierbei handelt es sich um erzieherische Konzepte, deren Ziel es ist, dass sich die Teilnehmer*innen besonders gut in ihrer moralischen Urteilsfähigkeit entwickeln können.

4.1 Just Community – moralische Erziehung im Strafvollzug

In Kooperation der Universität Heidelberg und einer Justizvollzugsanstalt des Landes Baden-Württemberg wurde im Oktober 1994 ein Modellversuch zur Förderung der moralischen Entwicklung im Strafvollzug initiiert, wissenschaftlich begleitet und dokumentiert. Ziel des Projekts war es, die in den USA von Lawrence Kohlberg (1927–1987) initiierte Praxis zur Förderung der moralischen Entwicklung, die sogenannten ‚Just Communities' zu erproben und zu erforschen. Dieses Konzept wird in den USA bereits seit den 80er Jahren erfolgreich in Justizvollzugsanstalten eingesetzt. Die JVA Adelsheim hat bis heute eine Gruppe von Insassen, die nach dem Prinzip der Just Community arbeitet.

Das Konzept der Just Community im Strafvollzug

Die Mitglieder der initiierten ‚Demokratischen Gemeinschaft der JVA' bestehen aus Insassen, die in die entsprechende Unterbringungseinheit des gelockerten Vollzugs eingewiesen werden, vier bis sechs Vollzugsbediensteten, die regelmäßig in dem Haus tätig sind, und einem Sozialpädagogen, der als ‚Hauskonferenzleiter' auch für die sozialpädagogische Betreuung der Insassen einschließlich der Entwicklung und Überwachung der Erziehungspläne zuständig ist.

Die jungen Männer, die tagsüber außerhalb des Gefängnisses einer Arbeit oder einer Ausbildung nachgehen, haben – anders als andere Gefangene – in ihrem Haus die Möglichkeit, Konflikte aller Art, die unterhalb der Schwelle strafrechtlicher Sanktionierung liegen, nach selbst gesetzten Verfahren zu bearbeiten. Zu diesem Zweck hat die Anstaltsleitung einen Teil ihrer Sanktionshoheit auf Zeit zur Disposition gestellt. Das Regelwerk, innerhalb dessen die Jugendlichen ihre Konflikte bearbeiten, umfasst eine einmal in der Woche stattfindende Hausversammlung, die aus ihrer Mitte ein Leitungskomitee und im Fall der nötigen Vermittlung bei gravierenden Disziplinarfällen ein Fairnesskomitee wählt. An dieser Hausversammlung sind nicht nur die Strafgefangenen, sondern auch die Sozialarbeiter und Vollzugsbeamten mit gleichem Sitz und gleicher Stimme beteiligt und gehalten, sich an die dort ergangenen Beschlüsse zu halten. In diesem Rahmen wird darüber beraten, wer wann welche häuslichen Pflichten zu erledigen hat, wie jemand sanktioniert werden soll, der seinen Abwasch nicht gemacht, den Kühlschrank unsachgemäß genutzt hat, sich „unsozial" verhalten, die Nachtruhe gestört hat oder zu wichtigen Treffen regelmäßig zu spät gekommen ist – Konfliktanlässe, die auch im täglichen Leben in Freiheit problematisch werden – unter den beengten Bedingungen der totalen Institution jedoch von besonderer Brisanz sind.

Die pädagogischen Projekte der Just Community gewinnen den Stoff zu realen Dilemmadiskussionen dadurch, dass sie sich eine demokratische Verfassung geben, in der das meist funktional begründete Autoritäts- und Weisungsgefälle zwischen Gefangenen, Vollzugspersonen und Gefängnisleitung bis auf wenige, durch das Gesetz des Staates definierte Vorgaben so zurückgenommen wird, dass über alle wesentlichen Belange in demokratischen Verhandlungen und Beschlussfassungen entschieden wird. Dadurch entstehen sowohl reale Dilemmata als auch – durch das Einräumen eines größeren Entscheidungsspielraums – Motivationen zu rationalem Verhalten.

Als Bilanz der bisherigen Forschung können wir zeigen, „dass das Konfliktverständnis der Insassen und deren Begründung von moralisch relevanten Handlungsentscheidungen über verschiedene Entwicklungsstufen hinweg variiert". Zudem hat sich gezeigt, dass einzelne Probanden schon bei Eintritt in die Maßnahme moralische Dilemmata auf dem Niveau der von Kohlberg postulierten Stufe Vier, der konventionellen Stufe, erörtern. Das in den US-amerikanischen Studien behauptete Überwiegen eines präkonventionellen Urteilsniveaus bei Strafgefangenen ließ sich nicht bestätigen. Allerdings zeigte die

Studie, dass die Insassen, die bei der Inhaftierung auf der Stufe Zwei argumentierten, im Laufe des Projektes ihr Argumentationsniveau nach oben korrigierten.

(Text zusammengestellt aus:
http://www.justiz-bw.de:1080/servlet/PB/menu/1203218/index.html,
http://www.uni-heidelberg.de/uni/presse/RuCa3_97/brumlik.htm und
http://www.hansjoerg-sutter.de/demokratieerziehung.html, jeweils am 14.10.2007.)

Aufgaben:

1. **Skizzieren Sie bitte *kurz* das vorliegende Konzept.**
2. **Inwiefern fußt das Konzept auf Kohlbergs Theorie der moralischen Entwicklung?**

Viel Erfolg!!!

4.2 Just Community – moralische Erziehung in der Schule

Die Idee der gerechten Schulgemeinschaft (Just Community School) wurde vom amerikanischen Psychologen und Pädagogen Lawrence Kohlberg entwickelt und stellt eine praktische Umsetzung seiner in den 60er-Jahren des 20. Jahrhunderts entwickelten Theorie der Moralentwicklung dar. Auch in der Schweiz wurden und werden in verschiedenen Schulen die Ideen der Just Community umgesetzt (z. B. an der Primarschule Luterbach/SO und in der Schule Balainen in Nidau/BE).

Die Umsetzung in der Just-Community-Schule

Soziales Verstehen, Verantwortungsbereitschaft und eine demokratische Einstellung werden in der Schulgemeinschaft geübt, gelebt und damit gelernt. Die Lernenden reden und entscheiden in allen Bereichen des Schullebens mit und übernehmen somit auch echte Verantwortung.

Fragen des Umgangs miteinander werden gemeinsam besprochen. Die Regeln dafür werden von allen Betroffenen entwickelt und getragen. Wichtige Ziele sind dabei Fairness, gegenseitige Rücksichtnahme und Übernahme von Verantwortung. Die Schülerinnen und Schüler erfahren, dass sie durch ihr aktives Mittun etwas bewirken bzw. verändern können und dass ihre Meinungen ernst genommen werden.

Im Zentrum der Just Community steht die *Gemeinschaftsversammlung*: Hier treffen sich alle Schulangehörigen (Lernende, Lehrpersonen, Hauswartes usw.) regelmäßig (z. B. alle 14 Tage) zur gemeinsamen Diskussion, zur gemeinsamen Planung und zur gemeinsamen Beschlussfassung. Die Lehrpersonen sind bei den dem Plenum vorgelegten Themen, die bedeutend sein müssen, aber den Erfahrungshorizont der Schülerinnen und Schüler nicht übersteigen dürfen, gleichberechtigte Mitglieder der Gemeinschaft. Es gilt: Jede anwesende Person hat eine Stimme – unabhängig von ihrer Position innerhalb der Schule. Dies gilt auch für die Schulleitung, die einen Teil ihrer Entscheidungshoheit zur Disposition stellt. Gegenstände wie etwa der Lehrplan der einzelnen Fächer oder Entscheidungen, die juristische Konsequenzen nach sich ziehen könnten, sind von den Abstimmungen ausgenommen. Auch die Abschaffung der Schulpflicht qua Abstimmung ist nicht möglich.

Ein zweites Gremium bildet der *Vermittlungsausschuss*, in dem Vertreter aller Klassen und je eine Vertretung der Lehrerschaft und der Schulleitung einen Sitz haben. Die Aufgabe dieses Organs besteht darin, bei Problemen und Konflikten zwischen den Parteien (Einzelpersonen oder Gruppen) zu vermitteln. Weiter ist der Vermittlungsausschuss damit betraut, die Umsetzung der Beschlüsse der Gemeinschaftsversammlung zu überwachen. Der Ausschuss ist zwar kein Gericht, dennoch kann er Schülerinnen und Schüler, die die Regeln übertreten, zur Anhörung vorladen und sogar Strafen aussprechen.

Ein wichtiges Element der Just Community bilden auch die fächerspezifischen *Dilemmadiskussionen*. Ein Dilemma besteht dann, wenn in einer Entscheidungssituation mindestens zwei Werte, die man nicht verletzen möchte, einander diametral gegenüberstehen. Das heißt, wie immer man sich verhält, man muss einen dieser Werte verletzen. Der erzieherische Wert der Dilemmadiskussionen besteht darin, dass die Schülerinnen und Schüler argumentieren lernen und dass sie erfahren, dass jedes Fach seine moralischen Dimensionen hat.

(Text zusammengestellt aus: http://www.politischebildung.ch/grundlagen/methoden/just-community/?details=1&cHash=0937929282 und http://64.233.183.104/search?qcache:l137fFXwecsJ:www.finito.ch/dt/angebot/veranstaltungen/Fachtagung05/referat_karinwenker.pdf+just+community+%2B+umsetzung&hl=de&ct=clnk&cd=4&gl=de&client=firefox-a, jeweils am 14.10.2007)

Aufgaben:

1. **Skizzieren Sie bitte *kurz* das vorliegende Konzept.**
2. **Inwiefern fußt das Konzept auf Kohlbergs Theorie der moralischen Entwicklung?**

Viel Erfolg!!!

4.3 Für die anschließende Gruppenarbeit (im Anschluss an 4.1 und 4.2)

Aufgaben:

- **Setzen Sie sich nun in vier Gruppen zusammen – die Gruppenzugehörigkeit entnehmen Sie bitte Ihren Textblättern.**
- **In der Gruppe gehen Sie dann Ihre Erarbeitungen durch und ergänzen diese.**
- **Im nächsten Schritt reduzieren Sie die genannten Ergebnisse innerhalb der Gruppe auf das Wesentliche und übertragen dieses auf das Arbeitsblatt/das Flipchart.**
- **Überlegen Sie nun, welche möglichen Kritikpunkte Sie an dem untersuchten Konzept sehen.**

Viel Erfolg!!!

4.4 Ergebnissicherung nach 4.2 und 4.3

Eine mögliche Zusammenfassung der Ergebnisse befindet sich im Lehrer*innenband, ebenso wie ein mögliches Ergebnis der anschließenden gruppenübergreifenden Plenumsphase.

Abschließend stellt sich die Frage, welche Konsequenzen sich aus der Arbeit mit den Umsetzungskonzepten der Just Communitys ergibt. S. dazu den Lehrer*innenband.

5. Einsatzmöglichkeiten der Just-Community-Idee

5.1 Allgemeine Umsetzungsmöglichkeiten in der Schule

„Unter Berücksichtigung der Moralphilosophie kann man davon ausgehen, dass die Entwicklungsstufen auch als Qualitätsstufen des moralischen Denkens angesehen werden können (weil: prinzipienorientiert/nicht orientiert an konkreten Regeln).

Wichtig für die Pädagogik

Die Fähigkeit, auf einem hohen Niveau moralisch argumentieren zu können, bedeutet nicht automatisch, dass auch so gehandelt wird! Reifes moralisches Urteilen ist eine notwendige, aber nicht hinreichende Bedingung für reifes moralisches Handeln. Aber Urteilen und Handeln sind umso enger verknüpft, je höher die Stufe des moralischen Urteilsvermögens ist.

Test: In einem moralpsychologischen Test wird Teilnehmern Gelegenheit gegeben, vermeintlich unbemerkt zu betrügen. 70 % der präkonventionellen Teilnehmer betrügen. Wichtig ist vor allem der Kontext: Wenn die Bestrafung für moralisch reifes Handeln sehr hart ist (z. B. harte Konkurrenzsituation im Betrieb), wird evtl. eine vorkonventionelle Handlungsorientierung erzwungen.

Neuere Untersuchungsergebnisse (Lind)

Mit MUT (Moralisches-Urteil-Test: neuer Test) wurde die Theorie Kohlbergs zum größten Teil gestützt, aber auch teilweise revidiert.

1) Moralisches Verhalten bedarf nicht nur „richtiger“ Einstellung, sondern entwickelter Urteilsfähigkeit (Diskursfähigkeit): Entscheidungen müssen (ethisch) begründet werden können (moralisches Verhalten als Fertigkeit).

2) Moralisches Versagen in realen Situationen beruht meist auf falscher Wahrnehmung der moralischen Intentionen und Kompetenzen anderer.

3) Ohne allgemeine Bildungsverfahren findet kaum eine Entwicklung statt, es kommt sogar zu einer Rückentwicklung (vs. Kohlberg).

4) Der Entwicklung förderlich sind Diskurse über hypothetische oder reale moralische Dilemmasituationen.

Was folgern wir daraus für die Moralerziehung?

Moralerziehung sollte diesen Gang der Entwicklung anregen und unterstützen. Dazu gehört, dass die Schüler*innen sich und ihre Urteile mit anderen abgleichen (vgl. BaWü: Schule soll Urteils- und Entscheidungsfähigkeit vermitteln, die zur Wahrnehmung der verfassungsmäßen staatsbürgerlichen Rechte/Pflichten notwendig ist.) (Konzept: Erziehung zur Demokratie)

Realisierung in der Schule

Erfolgreiche Vorgehensweisen: Entwicklung der moralischen Urteilsfähigkeit wird stimuliert durch
- Förderung der allgemeinen kognitiven Entwicklung
- kooperative Lernformen, v. a. Rollenspiele
- Diskussionen über moralische Dilemmasituationen

Schaffung demokratischer Schulstrukturen

Möglichkeit 1: Rollenspiele

Ablaufplan – Besprechung des Anlasses und des Ziels (sich in jemanden hineinversetzen können usw.) – Beschreibung der Situation – Charakterisierung der Rollen – Auswahl der Mitspieler, Aufgaben für die Beobachter (wichtig: Kein Schüler darf langfristig auf bestimmte Rolle festgelegt sein) – Durchführung, höchstens 15 min – Diskussion (Gefühle und Erlebnisse der Spieler werden mit Beobachtungen der Zuschauer in Zusammenhang gebracht und mit zu Beginn besprochenen Zielen verglichen)

Möglichkeit 2: Dilemma-Diskussionen

Schülerinnen und Schüler werden durch die Präsentation eines moralischen Konflikts dazu angeregt, Argumente zu formulieren und Konsens zu suchen. Lehrer konfrontiert Schüler mit Begründungen, die bis zu einer Moralstufe über ihrem eigenen Niveau liegen.
„Bei richtigem und konsequentem, Einsatz von Dilemma-Situationen konnten Fortschritte bis zu einer halben Entwicklungsstufe innerhalb eines Schuljahres nachgewiesen werden.“ (z. B.

Geschichte: Bauernkriege – ist Gewalt für eine „gerechte Sache“ legitim?) Schön auch: Variationen wie Pro-Kontra-Abstimmungen, Gruppenarbeit, Gerichtsverhandlung usw.

Demokratie als Mittel der Erziehung

Konsequenteste Umsetzung ist die Umstrukturierung von Schulen zu demokratischen Anstalten, auf dass die Schülerinnen und Schüler stets moralisch handeln und sich abstimmen müssen (Kohlberg gründete „Just Community Schools“): Mehr Gleichberechtigung zwischen Lehrern und Schülern, informeller Umgang miteinander, Komitees zur Entscheidung/Diskussion bei Diziplinproblemen, Vollversammlungen mit vollem Stimmrecht.“

(http://www.lehrerfreund.de/in/schule/1s/moralerziehung-kohlberg/, letzte Meldung 03.05.2022)

Aufgaben:

1. **Beschreiben Sie die hier genannten pädagogischen Umsetzungsmöglichkeiten zu Kohlbergs Theorie.**
2. **Bitte prüfen Sie die genannten Möglichkeiten kritisch vor dem Hintergrund Ihres Wissens zu Kohlbergs Theorie sowie den Just-Community-Ansätzen.**

Viel Erfolg!!!

5.2 Beurteilung einer konkreten Umsetzungsmöglichkeit in der Schule

5.2.1 Streitschlichtung als Umsetzung Kohlbergs?

„Die examinierte Mediatorin verlässt mit zwei Studentinnen den Raum, um ihnen die Rollen-Texte zu erläutern: Sie spielen Marion und Carmen, zwei Schülerinnen aus dem 9. Schuljahr einer Hauptschule. Vor einigen Wochen hatte Marion ein etwa 20 Euro teures Buch aus der Bibliothek entliehen, weil beide mit seiner Hilfe ein Referat anfertigen wollten. Die Arbeit ging auch ganz gut voran, das Referat konnte gehalten, das Buch zurückgegeben werden. Jedoch: Es ist unauffindbar. Marion behauptet, es Carmen gegeben, diese jedoch besteht darauf, es nie erhalten zu haben. So kommt es zum Streit, zu wechselseitigen Beschimpfungen („Lügnerin" vs. „Schlampe" etc.), zur Aufkündigung der Freundschaft. Erst der dringliche Rat des Klassenlehrers bewegt beide, die schulische Mediation in Anspruch zu nehmen – unsere Expertin spielt die Rolle der Streitschlichterin. Stringent hält sie sich an die bekannten fünf Phasen:

- Begrüßung und Erläuterung (1)
- Darstellung des Konfliktes (2)
- Erhellung des Konfliktes (3)
- Lösung des Konfliktes (4)
- Vereinbarung (5)

Die Zuschauer sollen die vorausgegangenen Erläuterungen in der Praxis hautnah erleben: keinen Richter, sondern einen „Konfliktlotsen"; keine Parteinahme, sondern „Allparteilichkeit" (wobei auch das traditionelle unparteiische Agieren zurückgewiesen wird); keine moralische Bewertung, sondern eine für beide Seiten befriedigende Kompromisslösung u. a. m. Hier interessiert das Ergebnis der Bemühung: Nachdem beide „Schülerinnen" ihre jeweilige Darstellung des Streites um das (verschwundene, versteckte, nicht zurückgegebene oder doch ausgehändigte oder verschlampte) Buch vorgetragen und mit Verve auf ihre Positionen gepocht haben, wurden sie müder, resignierter, einigungsbereiter.

Die Mediatorin macht den Vorschlag: halbe halbe. Jede gibt 10 Euro und das unauffindbare Buch kann auf diese Weise neu angeschafft werden. Beide überlegen, Marion stimmt sofort und verstohlend lächeln zu, Carmen sträubt sich noch, zumal sie selbst nur sehr wenig Taschengeld bekommt. Und wieder tritt unsere Kompromissexpertin auf: „Vielleicht kann dir deine Mutter die 10 Euro leihen, sodass …" Carmen gibt nach und so wird die Vereinbarung fixiert. Die Studenten sind erleichtert, klatschen Beifall; die Kollegin lächelt anerkennend; und die Mediatorin bedankt sich bei den Spielerinnen – mit dem Zusatz: „Ich denke, das hat uns allen viel Spaß gemacht!""

(Aus: Storck u. a.: „Zentralabitur 2017. Erziehungswissenschaft 1". München, Stark-Verlag, S. 75f. und S. 206ff.)

Aufgabe:

1. **Bitte geben Sie die dargestellte Szene in eigenen Worten wieder (so kurz wie möglich, so präzise wie nötig!).**
2. **Bewerten Sie sie nun bitte in Stichpunkten auf ihre Tauglichkeit hinsichtlich der Entwicklung der moralischen Urteilsfähigkeit aller Beteiligten.**
3. **Nehmen Sie bitte kritisch Stellung zu der Frage, ob Religionsgemeinschaften ihre „Gebote" an Kinder und Jugendliche weitergeben dürfen?**

Viel Erfolg!!!

5.2.2 Musterlösung zur Selbstkontrolle zu 5.2.1

„1. und 2. Aufgabe:

a Vorgestellt wird ein Beispiel des vermeintlich gelungenen Verlaufs einer *Mediation*.
Eine Mediatorin will exemplarisch ein „allparteiliches" Verhalten innerhalb einer Streitschlichtung vorführen. Ein Buch im Wert von 20 Euro wurde entliehen und nicht zurückgegeben, ein Mädchen, Marion, behauptet, dieses einem anderen Mädchen, Carmen, übergeben zu haben, was dieses bestreitet. Es kommt zu wechselseitigen Beschimpfungen. Die „Mediation" erfolgt in den vorgegebenen fünf Schritten. Beide Schülerinnen aber halten an ihren Versionen fest, bis sie müder und „resignierter" werden. Die Mediatorin schlägt jetzt vor, die Mädchen sollten beide jeweils die Kosten für das Buch zur Hälfte tragen. Marion stimmt sofort „lächelnd" zu, Carmen zögert, sie bekommt wenig Taschengeld, sie willigt erst ein, als die Mediatorin ihr erklärt, ihre Mutter könne ihr ja den Betrag vorstrecken. Am Ende klatschen alle Beifall, die „Mediatorin" hebt noch hervor, es habe allen „Spaß gemacht".
Hingegen lässt sich fragen, ob diese Mediatorin wirklich „allparteilich" aufgetreten ist. Der Tatbestand wurde nicht aufgeklärt, eines der Mädchen musste also zu Unrecht zahlen. Für Carmen stellt das zu zahlende Geld eine offenbar deutlich höhere Belastung als für Marion dar. Hätte also Carmen, wäre diese Geschichte real gewesen, wirklich „Spaß" an der Entwicklung haben können?

b *Moralisch* wäre gewesen, Unrecht wiedergutzumachen. Auf keinen Fall ist es aus moralischer Perspektive eine Lösung, die Tatsache eines Unrechts damit zu kaschieren, dass Menschen gedrängt werden, den Schaden auszugleichen, ungeachtet der Frage, ob sie ihn verursacht haben oder nicht. Die Konfliktlösung ist im Grunde auch nicht demokratisch. Als Carmen zögert, wird sie von der Mediatorin, die für sie eine Autorität darstellt, zumindest bedrängt, ihrem „Lösungsvorschlag" zu folgen. Angenommen, eines der Mädchen lügt in diesem Konflikt bewusst, so wäre diese „Lösung" hoch problematisch.

c Es stellt sich die Frage, ob in Konflikten immer Unparteilichkeit oder Allparteilichkeit möglich oder überhaupt wünschenswert ist. Muss Unrecht nicht Unrecht genannt werden? Es könnte so der Eindruck entstehen, dass bei Konflikten über versiertes Auftreten in Mediationsfällen leicht eigene Vorteile erreicht werden könnten. Können oder dürfen Schülerinnen und Schüler zu einer Mediation gedrängt werden? Welche Streitfälle eignen sich für solche Verfahren und welche nicht? Der Streit der Mädchen stellt kein kommunikatives Problem dar, sondern es geht um offensichtliches Fehlverhalten. Kann akzeptiert werden, dass nicht nach der „Wahrheit", sondern lediglich nach einer „Lösung" gesucht wird, die weiteren offenen Streit verhindert?
Ist so dieser Streit überhaupt gelöst? Was denkt das Mädchen, das das Buch entweder tatsächlich an das andere gegeben oder umgekehrt nicht bekommen hat?
Wenn Mediation dazu führt, die Frage der Moral auszublenden, wird sie leicht zu einer problematischen Einrichtung.

3. Aufgabe:

Jede Gemeinschaft hat das Recht, ihre Regeln weiterzugeben und die Einhaltung dieser Regeln einzufordern. Das gilt auch für *Religionsgemeinschaften*. Diese berufen sich darauf, ein „gerechteres" Leben zu ermöglichen und für einen höheren Lebenssinn einzustehen, was unter anderem durch die Einhaltung von Geboten erreicht wird. Dieser Anspruch ist prinzipiell legitim. Religionsgemeinschaften müssen aber zulassen, dass die nachwachsenden Generationen auch innerhalb der Gemeinschaften den jeweiligen Anspruch und die entsprechenden Gebote kritisch hinterfragen und bewerten. Sie dürfen auf keinen Fall verhindern oder unterdrücken, dass Kinder vielseitig gebildet werden und sich vielfältiges Wissen oder unterschiedliche Auffassungen und Meinungen aneignen.

Umgekehrt dürfen sie in ihrem Sinne religiös bilden und die Menschen mit Inhalten wie Werten der eigenen Religion umfassend vertraut machen. Insofern ist es auch legitim, wenn religiöse Eltern ihren Kindern eine religiöse Bildung abverlangen und es ihnen nicht selbst überlassen, ob sie religiöses Wissen oder religiöse Riten überhaupt kennenlernen wollen. Da nicht jeder Mensch gleichermaßen in jede Religion eingewiesen werden kann, ist es pädagogisch zu rechtfertigen, dass Eltern ihre Kinder in ihre jeweilige Religionsgemeinschaft einführen. Das geschieht auch in Bezug auf Werte und Normen bzw. in die das familiären Umfeldes eingeführt. Allerdings müssen sie diese dann mit zunehmendem Alter hinterfragen dürfen.“

(aus: Storck u. a.: „Zentralabitur 2017. Erziehungswissenschaft 1“. München, Stark-Verlag, S. 75f. und S. 206ff.)

6. Was bleibt von Kohlberg?

Bitte ergänzen Sie die folgenden Sätze:

Das Besondere an Kohlberg ist es, dass …

Ohne Kohlberg hätte ich nicht bemerkt, dass …

In Kohlbergs Theorie sehe ich die Gefahr, dass …

Kohlbergs Theorie kann die gesellschaftliche Auswirkung haben, dass …

Insgesamt erscheint mir die Beschäftigung mit Kohlbergs Theorie lohnenswert/nicht lohnenswert, weil …

7. Konzepte der Moralentwicklung

Mit Kohlberg haben wir nun ein Konzept der Moralentwicklung kennengelernt, die Werteentwicklung. Es gibt aber noch andere Richtungen. Daher beschäftigen Sie sich nun bitte mit den drei weiteren Konzepten „Wertübertragung", „Werterhellung" und „Wertkommunikation".

Konzepte der Moralerziehung im Überblick

Zur Einordnung des Modells der moralischen Urteilsbildung (Kohlberg) werden im Folgenden vier Modelle ethischer Bildung dargestellt, die deutlich machen können, worin das Spezifische des Kohlberg-Ansatzes liegt. Danach soll eine Einordnung einer auf Reflexionsfähigkeit hin ausgerichteten Moralerziehung vorgenommen werden. Das Modell von Kohlberg ist in Kapitel 3 bereits unter dem Entwicklungsaspekt thematisiert worden. Es kann darauf zurückgegriffen werden.

„Wertübertragung

Wertübertragung in einer wertpluralen Gesellschaft anzustreben bedeutet, eine Selektion von Werten und Normen vorzunehmen, die von einer bestimmten sozialen Gruppe präferiert werden. Dabei kann es um die Erhaltung von Werten gehen, die in der Vergangenheit von Bedeutung waren, aber auch um Werte, die als „Emanzipation" von der Tradition verstanden werden. Welchen Werten auch immer der Vorzug gegeben wird, die formale Prozedur ist vergleichbar. Es geht darum, die Einstellung der Jugendlichen zu formen und ihr Handeln zu beeinflussen. Dieses Verfahren setzt voraus, dass Lehrerinnen und Lehrer aus der faktischen Vielfalt von Wertkonzepten eine Selektion vornehmen. Das bedeutet, dass zu Beginn von Lernprozessen feststeht, welche Haltungen in Jugendlichen geformt werden sollen. Mit anderen Worten: Ein ausgewählter Bestand an Werten und Normen wird als wichtig und unaufgebbar betrachtet und gilt durch die Ziele, die man damit verbindet (Traditionserhalt oder Traditionskritik), gleichzeitig als legitimiert, ihn an Jugendliche weiterzugeben. Das Konzept der „Wertübertragung" kann kognitiv, affektiv und voluntativ akzentuiert werden (Van der Ven 1985; Ziebertz/ Van der Ven 1991). In der kognitiven Akzentuierung geht es vor allem um die Verarbeitung von Informationen. Im Vordergrund steht der Erwerb von Wissen und die Entwicklung des Denkens. Die kognitive Struktur der Lernenden soll gebildet werden, indem sie Werte kennenlernen, sie reproduzieren und klassifizieren können. Die *affektive* Akzentuierung sieht im Lernen von Werten und Normen vor allem einen Internalisierungsvorgang. Werthaltungen sollen eingeprägt und zu einem persönlichen Bekenntnis werden. Wird die affektive Akzentuierung betont, erscheint kognitive Zuspitzung als eine Intellektualisierung der Moralerziehung. In der affektiven Variante wird dem Lernen an Vorbildern, Tugenden und (gemeinsamen) Idealen der Vorzug gegeben (vgl. Brezinka 1986), die *voluntative Akzentuierung* intendiert das Ziel, die Willensausrichtung Jugendlicher zu beeinflussen. Häufig wird damit die Formung bestimmter Einstellungen und Haltungen verbunden (Mauermann 1988, 141 ff.). Für die Wertübertragung ist kennzeichnend, dass der Lernprozess gesteuert ist, d. h. der inhaltliche Rahmen dessen, was die Motivationsstruktur des Jugendlichen durchdringen soll, wird durch die Auswahl des Stoffes vorgegeben, den Lehrerinnen und Lehrer für bedeutsam halten. Die Zielstellung der Wertübertragung kann wie folgt kurz zusammengefasst werden:

Jugendliche sollen Werte und Normen übernehmen, die in intentionalen Lernprozessen vonseiten der Lehrerinnen und Lehrer aus einer Reihe möglicher Alternativen ausgewählt und für wichtig befunden werden, damit sie daraus eine Werthaltung ausbilden und ihr Handeln danach ausrichten".

(Aus: Hans-Georg Ziebertz: Ethisches Lernen. In: Georg Hilger, Stephan Leimgruber, Hans-Georg Ziebertz: Religionsdidaktik. Kösel Verlag: München 2001, S. 407–413)

Werterhellung

Das Konzept der Werterhellung ist eine direkte Alternative zum Modell der Wertübertragung. Es geht nicht von bestehenden Werten und Normen aus, die von Jugendlichen internalisiert werden sollen, sondern von den Werten, die Heranwachsende verinnerlicht haben. Aus der Perspektive der Werterhellung stellt sich nicht das Problem einer Krise der Moral oder dass bestimmte Moralsysteme durch die Pluralität Schaden nehmen könnten. Sie nimmt den Einzelnen in den Blick und nimmt wahr, dass und wie sich Vielfalt in Verunsicherung, Apathie oder Ziellosigkeit ausdrückt. Die Moralkrise, so Hall (1979, 10), sei nach diesem Modell in Wirklichkeit eine Identitätskrise. Entsprechend liegt das moralpädagogische Interesse dieser Akzentuierung ausschließlich beim Einzelnen. Jugendlichen sollen lernen, über ihre eigene Werttradition nachzudenken und über den Weg einer biografischen Reflexion zur Einheit ihres Denkens, Fühlens und Handelns zu gelangen (vgl. Mauermann 1988, 143). Diese Werte sollen ans Licht gehoben und der Bearbeitung zugänglich gemacht werden, um sie nach einer Reflexion „im Licht von heute" entweder zu bestätigen, zu korrigieren oder zu verwerfen. Das, was als Ergebnis der Wertübertragung angesehen werden kann (Übernahme / Internalisierung von Werten), wird durch die Werterhellung biografisch rekonstruiert und problematisiert. Ziel ist das Aufspüren von Konsistenzen und Inkonsistenzen im Wertempfinden entlang der eigenen Biografie zwischen „früher" und „jetzt". Gefragt wird, ob sich die erworbenen Werthaltungen mit dem aktuellen Bewusstsein und den aktuellen Gefühlen im Einklang befinden. Methodisch geht es um den Prozess des „unfreezing", „involvement" und „freezing", also dem „Auftauen" erworbener Werte, dem „Sich-Einlassen" auf eine neue Wahl- und Entscheidungssituation und schließlich dem „Einfrieren" der neuen Haltung. Raths u. a. (1976) verstehen ihr Konzept der Werterhellung als entschiedene Alternative zum Konzept der Wertübertragung. Für sie kommt die Wertübertragung selbst dann der Indoktrination gleich, wenn die internalisierten Werte nicht mit negativen Gefühlen belegt sind. Erstens würden Jugendliche Alternativen vorenthalten, zweitens basiere die Legitimation der ausgewählten Werte auf Willkür, drittens seien Werte relativ und veränderten sich, sodass heute nicht vorausgesagt werden könne, welche Werte morgen angemessen seien, und viertens werde der Wertentwicklung hinsichtlich der individuellen Identitätsentwicklung nicht hinreichend Bedeutung geschenkt. Die Freiheit der Selbstfindung des Individuums steht im Mittelpunkt. Der Weg der individuellen Wertklärung soll unter allen Umständen gewahrt bleiben und kein obektiver Wert wird also als bedeutend angesehen, dass mit ihm die freie Orientierung des Einzelnen eingeschränkt werden dürfte. Die Ziele der Arbeit werden nicht aus den Inhalten heraus entwickelt, sondern ihnen gegenübergestellt.

Die Zielstellung der Werterhellung kann wie folgt kurz zusammengefasst werden: Jugendliche sollen (sich) die Werte und Normen reflexiv bewusst machen, die sie in der Vergangenheit internalisiert haben, und im Hinblick auf ihre Gefühle, die sich heute dabei einstellen, Konsistenzen sowie Inkonsistenzen wahrnehmen und bearbeiten mit dem Ziel, durch die Herstellung einer Einheit von Denken, Fühlen und Handeln ihre persönliche Identität zu finden und zu stabilisieren.

Wertentwicklung

Als Hauptvertreter dieses Ansatzes gilt Lawrence Kohlberg (1982; 1984), der die moralische Entwicklung, genauer, moralisches Urteilen als eine Sequenz von sechs Stufen beschreibt, die Menschen durchlaufen (können). Ein vorkonventionelles Stadium wird dadurch gekennzeichnet, dass sich Menschen an Bestrafung und Gehorsam oder an instrumentellen Werten orientieren. Angedrohte Sanktionen oder die Einstellung „eine Hand wäscht die andere" kennzeichnen die beiden Stufen dieses Stadiums. Konventionell sind für Kohlberg die Stufen drei und vier, in denen Konformität und Loyalität gegenüber Autoritäten maßgeblich sind. Was die Mehrheit „für gut" befindet oder was in sozialen Ordnungen als „richtig" („Recht und Ordnung") gilt, findet auch die persönliche Zustimmung. Autonom (oder postkonventionell) nennt Kohlberg die Stufen fünf und sechs. Die fünfte Stufe wird gekennzeichnet durch die Orientierung an Übereinkünften, die auf Konsensus beruhen und die in öffentlich-rechtlichen Verträgen und Gesetzen ihren Niederschlag finden. Die letzte Stufe schließlich enthält einen universalistischen Kern. Menschen, die sich auf dieser Stufe befinden, orientieren ihr Handeln an abstrakten ethischen Prinzipien, deren Gültigkeit im Licht aller Betroffenen erwiesen werden muss.

Kohlberg nennt als Beispiel für solche Prinzipien die „goldene Regel“ oder den „kategorischen Imperativ“: *Handle nur nach derjenigen Maxime, von der du zugleich wollen kannst, dass sie ein allgemeines Gesetz werde!* Modelle der Werterziehung, die auf diesem Ansatz aufbauen, interessieren sich vor allem für die Erhöhung der ethischen Urteilskompetenz Jugendlicher. Kohlberg hat in diesem Zusammenhang eine Reihe von moralischen Dilemma-Geschichten entwickelt, mittels derer Jugendliche Entscheidungen diskutieren sollen, welches Handeln in den vorgestellten Situationen anzustreben sei. Für die pädagogische Begleitung stellt sich die Aufgabe, erstens diagnostisch zu ermitteln, auf welcher Stufe sich Jugendliche befinden, und sie zweitens mit Argumentationsformen der nächsthöheren Stufe zu stimulieren, um einen Stufenwechsel vorzubereiten.

Die Zielstellung der Wertentwicklung kann wie folgt kurz zusammengefasst werden: Jugendliche sollen ihre moralische Urteilsfähigkeit stufenweise erweitern und über die Arbeit an Dilemmata zu einem prinzipiengeleiteten moralischen Urteil befähigt werden.

Wertkommunikation

In der Wertkommunikation ist „Interaktion“ ein entscheidender Faktor für den Erwerb von Werten und Normen. Im Rückgriff auf den symbolischen Interaktionismus (George H. Mead) stellt Habermas (1988, 187ff.) heraus, dass Beteiligte in Interaktionsprozessen kontinuierlich aufeinander Bezug nehmen. Das wichtigste Medium der Interaktion ist die Sprache. Habermas sieht die besondere Bedeutung der Sprache in der Leistung, Verständigung (idealiter einen Konsensus) über strittig gewordene Selbstverständlichkeiten herbeizuführen. Die Wertkommunikation macht sich diese Einsicht zunutze und versteht entsprechend die Kommunikation über Werte und Normen hinsichtlich der Fragen, was für mich und für alle anderen wünschbar ist und gültig sein soll, als Kern ethischer Lernprozesse. Schülerinnen und Schüler lernen zu argumentieren, indem sie in einer realen Kommunikation Geltungsansprüche von Normen vor dem Forum der argumentierenden Vernunft verteidigen (Habermas 1983, 53ff. 6417). Ein wichtiges Prinzip, den argumentativen Gebrauch der Sprache zu nutzen, ist das Konzept *Dezentrierung*. Unter ethischer Dezentrierung wird im Anschluss an Mead und Piaget der Wechsel zwischen Ich-, Du- und Sie-Perspektive verstanden. Jugendliche lernen beispielsweise, Werte nicht nur aus ihrer eigenen Perspektive zu formulieren und zu erwarten, dass andere sie teilen, sondern sie lernen sich in die/den andere/n hineinzudenken und deren/dessen Sichtweise zu rekonstruieren. Aber die Frage nach dem, was gelten soll, bleibt nicht auf die Zweierbeziehung begrenzt, sondern schließt eine dritte Perspektive ein. Diese dritte Perspektive fragt danach, ob auch andere, die potenziell von diesen Werten betroffen sind, diesen zustimmen könnten oder nicht. Das Konzept der Dezentrierung hilft, die Frage nach Werten oder der Gültigkeit moralischer Normen zu universalisieren und die Reflexion aus subjektivistischer Befangenheit und Egozentrismus herauszuführen. Maßstab ist nicht allein der andere, sondern allgemeine (universale) Interessen, das übergeordnete Wohl oder die Bedürfnisse derer, die die geringste Chance haben, ihre Belange öffentlich zu vertreten. Damit wird auch die normative Basis der Wertekommunikation berührt. Dieses Konzept ist nicht wertneutral, sondern es orientiert sich am allgemeinen Willen, wie er in der goldenen Regel oder dem kategorischen Imperativ formuliert ist. Pädagogisch enthält die Wertkommunikation einen Vorgriff auf eine ideale Sprechsituation, in der sich die Partner als gleichberechtigt anerkennen, die Argumente der/des anderen wie eigene behandeln, und davon ausgehen, dass Verständigung grundsätzlich möglich ist (vgl. Bender 1988). Diese Unterstellungen werfen in der Arbeit mit Jugendlichen das Problem der faktischen Ungleichheit in Kompetenz und Macht zu den Lehrerinnen und Lehrern auf. Benner und Peukert meinen zu diesem pädagogischen Paradox, dass Moralität beim Heranwachsenden weder vorausgesetzt noch einfach anerzogen werden kann. Könnte man sie voraussetzen, wären moralpädagogische Überlegungen überflüssig. Könnte man sie anerziehen, würde das neuzeitliche Freiheitsprinzip unterlaufen, weil statt unbedingter Achtung vor der Einsicht des anderen in moralische Prinzipien eine Art „moralische Heteronomie“ praktiziert würde. Das Paradox wäre dann, freie Einsicht heteronom herbeizuführen zu wollen. Jugendlichen muss folglich die noch fehlende Kompetenz in einer Weise zugestanden werden, dass ihr Tätigwerden aus eigener Einsicht stimuliert wird (Benner/Peukert 1983). Dieser Punkt berührt wiederum die normative Grundstruktur des kommunikativen Ansatzes. Freiheit und Autonomie werden nicht nur anthropologisch behauptet, sondern durch die Dialogstruktur des Handelns faktisch ermöglicht; im Blick auf Jugendliche durch einen Vorgriff auf die noch zu erreichende volle Reziprozität. Auf diese Weise bleiben ethische Aussagen nicht außerhalb der Sachgesetzlichkeiten der Kommunikationsstruktur, sondern werden in sie verwoben. Der kommunikative Ansatz, darin liegt die entscheidende Neuerung, macht die Pluralitätskonflikte nicht „vor" dem Unterricht auf, sondern thematisiert sie mit dem Ziel, dass Schülerinnen und Schüler selbst den Prozess der Begründung und Abwägung differenter Werte durchlaufen und durch diese Praxis ihre ethische Kompetenz erhöhen. Schülerinnen und Schüler werden ermuntert, eine Bewertung der Ist-Situation vorzunehmen; sie diskutieren über den Soll-Zustand und sie üben sich in der kritischen Prüfung, welche Schlussfolgerungen daraus gezogen werden können bzw. sollen. Die Zielstellung der Wertkommunikation kann wie folgt kurz zusammengefasst werden:

Jugendliche sollen über Werte und Normen kommunizieren, indem sie mittels argumentativer Verfahren eine Urteilskompetenz ausbilden und „problematisch gewordene Selbstverständlichkeiten" nach Inhalt und Begründung zu rekonstruieren lernen, um von einer ethischen Perspektive aus zu klären, welche Werte und Normen als Leitorientierung für das konkrete Handeln Geltung beanspruchen können

Vergleich der Modelle

In der nachfolgenden Übersicht ist ein Vergleich der vier Modelle nach vier Prinzipien dargestellt. Gefragt wird, welche Ziele diese Modelle verfolgen, welche Methode sie präferieren, welche Wertorientierung ihnen zugrunde liegt und wie sie mit der Wertpluralität umgehen. Da es sich um idealtypische Formulierungen handelt, wird es in der Praxis immer Schnittmengen zwischen Modelltypen geben. Für eine allgemeine Bewertung sollen die Modelle hier kurz hinsichtlich ihrer Ziele verglichen werden. Das Ziel der Wertübertragung ist, kurz gesagt, Konformität zu herrschenden Auffassungen. Die ethische Qualität bestimmter Werte gilt als erwiesen, was ihre Weitergabe auf direktem Weg legitimiert. Die faktische Wertpluralität kommt nicht zur Sprache, weil quasi stellvertretend für die Jugendlichen eine Auswahl getroffen wird. Gegenüber dem deduktiven Charakter der Wertübertragung ist die Werterhellung induktiv orientiert. Für sie sind die Methoden der Wertübertragung indoktrinär, weil sie den Jugendlichen nicht wirklich die Freiheit einräumen, ihre Wertorientierung selbststätig festzulegen und ihre Gefühle, ihr Denken und Handeln in Einklang zu bringen. Darauf kommt es der Werterhellung an. Sie richtet sich kritisch gegen jede Art der Bevormundung. Werte und Normen erhalten ihre Qualität vor allem dadurch, dass sie individuell als wertvoll gelten.

Zusammenfassender Vergleich der vier Modelle				
	Wertübertragung	**Werterhellung**	**Wertentwicklung**	**Wertkommunikation**
Ziel	Jugendliche sollen vorab ausgewählte Werte und Normen übernehmen und sich ggf. davon emanzipieren	Jugendliche sollen erworbene moralische Einstellungen erkennen	Jugendliche sollen ihre moralische Urteilskompetenz stufenweise erhöhen	Jugendliche sollen die Wünschbarkeit und Haltbarkeit von Werten und Normen aus einer ethischen Optik beurteilen
Methode/ Verfahren	Weitergabe von Werten und Normen auf direktem Weg durch kognitive, affektive und volitive Lernprozesse	Bewusstmachung von und Konfrontation mit erworbenen Werten und Normen	Diskussion moralischer Konflikte anhand von Dilemma-Geschichten	Teilnahme an argumentativen Diskussionsprozessen mit Perspektivenwechsel
Wert-orientierung	Liegt in den Inhalten („dem Wert“) der Werte und Normen, die tradiert werden	Liegt in der Optimierung des subjektiven Denkens, Fühlens und Handelns	Liegt im Aufbau eines prinzipiengeleiteten ethischen Urteils	Liegt im Ziel der ethischen Mündigkeit des Jugendlichen, die Ziel und Methode ist
Wert-pluralität	Wird auf jene Werte reduziert, die von Jugendlichen übernommen werden sollen	Wird auf die Werte reduziert, die individuell bedeutsam sind	Kommt in ausgesuchten Dilemmata in funktionaler Absicht zur Sprache	Ist Ausgangspunkt und Gegenstand der Kommunikation über Werte und Normen

(Aus: Hans-Georg Ziebertz: Ethisches Lernen: In: Georg Hilger, Stephan Leimgruber, Hans-Georg Ziebertz: Religionsdidaktik. Kösel Verlag, München 2001, S. 407–413)

„Dagegen zielt die Wertentwicklung auf die Erhöhung der ethischen Urteilskompetenz, die stufenweise auf ein prinzipiengeleitetes Denken hin fortschreiten soll. Aus der Perspektive der Wertentwicklung verfolgt die Wertübertragung Ziele, die auf dem (prä-)konventionellen Niveau angesiedelt sind. Allerdings steht die Wertentwicklung in der Gefahr, tatsächliche Wertkonflikte zu instrumentalisieren, um über sie einen „Stufenfortschritt“ zu erreichen. Die Wertkommunikation schließlich nimmt faktische Wertkonflikte zum Anlass, um die ethische Wünschbarkeit der konfligierenden Wertvorstellungen argumentativ zu überprüfen. Ihr Ziel ist es, aus der Perspektive des anderen (aller anderen) danach zu suchen, welche Werte es verdienen, dass sie als Leitorientierung für das Handeln herangezogen werden. Erziehung zur ethischen Mündigkeit verlangt in der Perspektive der Wertkommunikation, Heranwachsenden diese Mündigkeit bereits im Verfahren der Kommunikation über Werte tatsächlich zuzugestehen. Mündigkeit darf nicht nur behauptet, sondern muss in der Dialogstruktur praktisch eingelöst werden. Die diesem Modell implizite Wertorientierung liegt also in der Anerkennung der Jugendlichen als sittlich autonome Subjekte. Welchen Werten und Normen sie letztlich folgen, ist das Ergebnis eines Lernprozesses und nicht, wie bei der Wertübertragung, ihr Ausgangspunkt. An welchem Modell sich Lehrerinnen und Lehrer auch immer praktisch orientieren: Ethische Bildung in der Schule muss zwei Extreme vermeiden: Rigidität und Gewährenlassen. Moralische Rigidität in ethischen Lernprozessen intendiert Vereinnahmung und Konformität. Einer ridigen ethischen Bildung können wohlwollende Motive zugrunde liegen, etwa keine Unsicherheit aufkommen zu lassen und die „richtigen“ Antworten zu geben, aber solche Lernprozesse unterliegen der Gefahr der Indoktrination. Auf der anderen Seite kann Gewährenlassen ein soziales Vakuum schaffen. Schülerinnen und Schüler lernen nicht, ein Urteil zu bilden und zu vertreten. Selbst bei der besten Absicht, etwa die Entscheidungsfreiheit der Heranwachsenden unangetastet zu lassen, tendiert Gewährenlassen zu moralischer Verwahrlosung.

Die meisten Chancen, der Freiheit der Schüler*innen Rechnung zu tragen und sie zugleich zu befähigen, zu Werten interpretativ Stellung nehmen zu können, bieten die Modelle Wertentwicklung und die Frage nach der Alters- und Entwicklungsgemäßheit in den Mittelpunkt gerückt und mit der Wertkommunikation die edukative Bedeutung faktischer Aushandlungsprozesse. Die Aussage „Prüfet alles und das Gute behaltet“ ist ein Imperativ. Er fordert zum eigenen Urteilen und Entscheiden auf – nicht zum Übernehmen der Urteile und Entscheidung anderer.“

(Aus: Ziebertz, Hans-Georg: Ethisches Lernen: In: Georg Hilger, Stephan Leimgruber, Hans-Georg Ziebertz: Religionsdidaktik, Kösel-Verlag, München 2001, S. 407–413.)

Ergänzen Sie dazu bitte folgende Sätze:

„Wertübertragung“/„Werterhellung“/„Wertkommunikation“ unterscheidet sich von „Wertentwicklung“, indem ... (bitte für alle drei Begriffe ausfüllen.)

Ohne „Wertentwicklung“/„Wertübertragung“/„Werterhellung“/„Wertkommunikation“ würde das Individuum ... (bitte für alle vier Begriffe ausfüllen.)

Nur durch „Wertentwicklung“/„Wertübertragung“/„Werterhellung“/„Wertkommunikation“ ist es der Gesellschaft möglich ... (bitte für alle vier Begriffe ausfüllen.)

Daher würde ich persönlich als Konzept der Moralentwicklung „Wertentwicklung“/ „Wertübertragung“/„Werterhellung“/„Wertkommunikation“ bevorzugen, weil ...

8. Vernetzung von moralischer Urteilsfähigkeit und gesellschaftlichen Zusammenhängen

„Hierbei geht es um den Zusammenhang, der zwischen der moralischen Urteilsfähigkeit des einzelnen Individuums und dem Gelingen einer stabilen **Demokratie** und einem überzeugend gelebten **Pluralismus** besteht. Damit soll greifbar werden, dass die moralische Urteilsfähigkeit auch eine gesamtgesellschaftliche Bedeutung haben kann und sehr wichtig zum **Partizipieren** ist.

8.1 Demokratie

Bezeichnung für eine Herrschaftsform. Die wörtliche griechische Übersetzung „Herrschaft des Volkes" hilft wenig weiter, weil sich mittlerweile auch Diktaturen als „wahre" Demokratien bezeichnen. Deshalb müssen charakteristische Merkmale benannt werden, die nach unserem Verständnis eine demokratische Herrschaftsordnung kennzeichnen. Diese Merkmale finden sich in: Freiheitliche demokratische Grundordnung. Unterschiedliche Erscheinungsformen der Demokratie sind weiter unten beschrieben.

Demokratie, griechisch „Herrschaft des Volkes", wurde von ihren Erfindern als direkte Demokratie praktiziert: Die freien Männer – nur sie galten damals als das Volk – versammelten sich auf dem Marktplatz ihres Stadtstaates (Polis) und beschlossen dort unmittelbar selbst über alles, was die Polis anging, über alle politischen Fragen also.

Diese Marktplatzdemokratie ist in den heutigen Großstaaten nicht mehr möglich. An ihre Stelle ist die repräsentative Demokratie getreten. Vom Volk auf Zeit gewählte Vertreter (Repräsentanten), diesmal Männer und Frauen, entscheiden als Treuhänder für das Volk die laufenden politischen Fragen. Daneben können auch in der repräsentativen Demokratie Elemente der direkten Demokratie treten: wenn z. B. in einem Volksentscheid die wahlberechtigten Bürgerinnen und Bürger unmittelbar über einen Gesetzentwurf abstimmen, der aus ihrer Mitte kommt, oder in einem Referendum entscheiden, ob sie einem Parlamentsgesetz nachträglich ihre Zustimmung geben oder verweigern. Die Verfassungen aller deutschen Bundesländer sehen Volksentscheide vor, Bayern und Hessen auch ein Referendum bei Verfassungsänderungen. Auf Bundesebene gibt es weder die Möglichkeit des Volksentscheides noch die Möglichkeit eines Referendums, das viele europäische Staaten kennen.

Nahezu alle Staaten der Welt behaupten heute, Demokratien zu sein. Auch in der deutschen Geschichte wurde der Begriff missbraucht. Die DDR, die eine Parteidiktatur war, nannte sich im Staatsnamen „demokratisch". Hitlers Propagandachef Goebbels schrieb 1942 über die Hitler-Diktatur: „Wir Deutschen leben in einer wahren Demokratie". Angesichts solcher absichtlicher Begriffsverwirrung muss exakt beschrieben werden, an welchen Merkmalen man erkennen kann, ob eine Staatsordnung wirklich demokratisch ist. Für die Demokratie in Deutschland ist dies durch eine Definition des Bundesverfassungsgerichts erfolgt (Freiheitliche demokratische Grundordnung).

Die deutsche Demokratie ist nicht eine Demokratie, die lediglich Spielregeln vorschreibt, sich sonst aber im politischen Meinungskampf neutral verhält. Sie tritt vielmehr für bestimmte oberste Werte ein, an erster Stelle die Würde des Menschen, die sie als „wehrhafte" und „streitbare" Demokratie verteidigt. Parteien, die diese obersten Werte missachten und mit demokratischen Mitteln die Demokratie selbst abschaffen wollen, müssen in Deutschland damit rechnen, verboten zu werden."

(Quelle: Thurich, Eckart: pocket politik. Demokratie in Deutschland. überarb. Neuaufl. Bonn: Bundeszentrale für politische Bildung 2011)

Aufgaben:

1. **Erläutern Sie bitte in eigenen Worten, was Demokratie bedeutet.**
2. **Überprüfen Sie nun, welche Bedeutung die moralische Urteilsfähigkeit für eine gelingende Demokratie haben kann.**

Alternativ:

2a. Entwerfen Sie bitte ein Szenario, in dem alle Mitglieder eines demokratischen Staates in der postkonventionellen Stufe nach Kohlberg sind.

2b. Vergleichen Sie diesen fiktiven Staat nun mit einem demokratischen Staat, in dem alle Mitglieder auf der präkonventionellen Stufe sind.

3. Überlegen Sie nun, welche Zusammensetzung der Ebene der moralischen Urteilsfähigkeit Sie für eine gelingende Demokratie für am wünschenswertesten halten würden und warum.

8.2 Pluralismus

„**1)** P. ist ein philosophisches Weltbild, das davon ausgeht, dass die (von Menschen erkennbare) Wirklichkeit nicht als ein einziges Ganzes beschrieben werden kann, sondern vielmehr aus (unüberschaubar) vielen einzelnen Fakten, Dingen, Ideen besteht, die in sehr unterschiedlicher Weise zueinander in Beziehung stehen bzw. gesetzt werden können. Vielfalt und die partiellen Beziehungen zwischen den Teilen sind daher Ausgangspunkt und Grundbedingung menschlichen Erkennens und Handelns. (Ggt.: Monismus)

2) P. ist ein zentrales Leitbild moderner Demokratien, deren politische Ordnung und Legitimität ausdrücklich auf der Anerkennung und dem Respekt vor den vielfältigen individuellen Meinungen, Überzeugungen, Interessen, Zielen und Hoffnungen beruhen. Keine (politische, religiöse o. ä.) Instanz darf in der Lage sein, (allen) anderen ihre Überzeugung etc. aufzuzwingen, d. h. die prinzipielle Offenheit pluralistischer Demokratien zu gefährden. Grundlage des politischen und sozialen Zusammenlebens fortschrittlicher Gesellschaften ist daher das pluralistische Prinzip der Vielfalt (nicht das der undemokratischen Einfalt).

3) P. bezeichnet a) ein politisches System (z. B. USA), in dem die Anhäufung politischer (auch staatlicher) Macht dadurch beschränkt wird, dass überall dort, wo Macht entsteht, Raum für Gegenmacht vorhanden ist oder geschaffen wird; b) einen politikwissenschaftlichen Ansatz, der staatliches Handeln als Resultat des politischen Wettbewerbs und Drucks von Interessengruppen auf die Regierung ansieht; c) ein politisches System (z. B. in DEU), das die offene Auseinandersetzung zwischen den politischen, sozialen und wirtschaftlichen Interessen(-verbänden, -parteien), aber auch die Konsens- und Koalitionsmöglichkeiten zwischen ihnen als einen wesentlichen Teil der politischen Willensbildung ansieht.“

(Quelle: Schubert, Klaus / Martina Klein: Das Politiklexikon. 7., aktual. u. erw. Aufl. Bonn: Dietz 2018. Lizenzausgabe Bonn: Bundeszentrale für politische Bildung)

Aufgaben:

1. Erläutern Sie bitte in eigenen Worten, was Pluralismus bedeutet.

2. Überprüfen Sie nun, welche Bedeutung die moralische Urteilsfähigkeit für gelingenden Pluralismus haben kann.

Alternativ:

2a. Entwerfen Sie bitte ein Szenario, in dem alle Mitglieder eines pluralistischen Staates in der postkonventionellen Stufe nach Kohlberg sind.

2b. Vergleichen Sie diesen fiktiven Staat nun mit einem pluralistischen Staat, in dem alle Mitglieder auf der präkonventionellen Stufe sind.

3. Überlegen Sie nun, welche Zusammensetzung der Ebene der moralischen Urteilsfähigkeit Sie für gelingenden Pluralismus für am wünschenswertesten halten würden und warum.

8.3 Partizipation

„Partizipation [lat. participare – teilnehmen lassen] In demokratischen Staaten die freiwillige Beteiligung der Bürgerinnen und Bürger am politischen Leben im weitesten Sinne, um dadurch Einfluss auf Entscheidungen zu nehmen. Partizipation kann auf vielfältige Weise erfolgen: durch Teilnahme an Wahlen, an Volksentscheiden, durch Mitarbeit in Parteien, Interessenverbänden, Bürgerinitiativen, im Schülerrat, im Elternrat, im Senioren- oder Ausländerbeirat der Gemeinde usw."

(Quelle: Thurich, Eckart: pocket politik. Demokratie in Deutschland. überarb. Neuaufl. Bonn: Bundeszentrale für politische Bildung 2011)

E-Partizipation

„Unter E-Partizipation versteht man „Formen politischer Teilhabe, bei denen sich Bürger(innen) elektronischer Informations- und Kommunikationstechnologien bedienen, um mit staatlichen Organen oder untereinander an allen möglichen Stellen politischer Prozesse in Kontakt zu treten" (Grimme-Institut 2011, S. 2). Durch einen Austausch sollen Entscheidungsprozesse transparenter gemacht werden. Es gibt dabei verschiedene Wege der Kommunikation. Zum einen zwischen den Bürgerinnen/Bürgern und der Regierung (Regierung → Bürgerinnen/Bürger und Bürgerinnen/Bürger → Regierung) und zum anderen zwischen den Bürgerinnen/Bürgern untereinander (Bürgerinnen/Bürger → Bürgerinnen/Bürger).

Erster Kommunikationsweg: Regierung → Bürgerinnen/Bürger

Betrachtet man den Kommunikationsweg Regierung → Bürgerinnen/Bürger, so denkt man z. B. an Informationsangebote seitens der staatlichen Organe. Über den Regierungsalltag kann man sich z. B. auf Twitter (www.twitter.com) (@ RegSprecher) oder auf der Seite der Bundeskanzlerin (www.bundeskanzlerin.de) informieren. Meistens handelt es sich um eine recht einlinige Form der Kommunikation, da der Leser/die Leserin lediglich die Informationen rezipiert. Die Isländer*innen hingegen haben bereits einen Weg gefunden, die Bürger*innen direkt in Entscheidungen mit einzubinden. Sitzungen werden live im Internet übertragen und der aktuelle Stand wird auf Facebook (www.facebook.com), Twitter (www.twitter.com) etc. veröffentlicht. Über diese Kanäle werden Kommentare und Anregungen erbeten, so dass sich die Bürger*innen direkt angesprochen fühlen. Durch diese Art der Einbindung wird zugleich eine höhere Akzeptanz politischer Entscheidungen wahrscheinlich, da die Bürger*innen stärker beteiligt werden. Auch in Deutschland finden immer mehr Onlinedialoge und E-Konsultationen statt (z. B. www.e-konsultation.de, herausgegeben vom Bundesministerium des Innern). Raumordnung und Stadtplanung, Agenda- und Politikfeldgestaltung, Gesetzgebung und Haushaltsplanung sind Anwendungsfelder für E-Konsultationen. Auch auf kommunaler Ebene findet ein solcher Austausch zwischen Bürgermeister/Bürgermeisterin und den Bürgerinnen und Bürgern statt.

Zweiter Kommunikationsweg: Bürgerinnen/Bürger → Regierung

Verläuft der Kommunikationsweg in die andere Richtung, so liegt der Fokus darauf, Anliegen seitens der Bürgerinnen und Bürger an die Politikerinnen und Politiker heranzutragen. Hierfür kann man sich z. B. an den Petitionsausschuss des Deutschen Bundestages (https://epetitionen.bundestag.de) wenden. Diese Petitionen (Synonym: Bittschriften, Gesuche) können dann von den Nutzerinnen und Nutzern unterzeichnet und diskutiert werden. Möchte man sich gezielt an einzelne Abgeordnete wenden, so kann man dies auf der Seite www.abgeordnetenwatch.de tun. Der Besucher/die Besucherin der Seite kann das Abstimmungsverhalten des jeweiligen Politikers/der jeweiligen Politikerin nachvollziehen und auch aktiv Fragen an ebendiese/ebendiesen formulieren. Die Politikerinnen und Politiker geben sich alle Mühe, eine schnelle und kompetente Antwort zu formulieren.

Dritter Kommunikationsweg: Bürgerinnen/Bürger → Bürgerinnen/Bürger

Der dritte Kommunikationsweg betrifft die Bürgerinnen und Bürger untereinander und reicht von der Bürgerinitiative auf lokaler Ebene bis hin zu internationalen Protestbewegungen. Campact: Demokratie in Aktion (www.campact.de), und Greenaction (www.greenaction.de) sind Plattformen, auf denen Themen publik gemacht werden. Über den Mitmach-Button kann man als registrierter Nutzer/registrierte Nutzerin eine Petition unterschreiben. Natürlich können solche Aktionen dann wieder auf dem eigenen Profil in einem sozialen Netzwerk verlinkt werden, so dass auf diese Weise ein noch größerer Personenkreis erreicht werden kann. Eine weitere Form der Kommunikation zwischen den Bürgerinnen und Bürgern ist das so genannte „Crowdsourcing“. Freiwillige arbeiten dabei gemeinsam an einem Online-Projekt. Berühmtheit hat z.B. die Seite Guttenplag-Wiki (www.guttenplag.wikia.com/wiki/GuttenPlag_-Wiki) erlangt. Dem ehemaligen Verteidigungsminister Karl-Theodor zu Guttenberg konnten, aufgrund einer gemeinschaftlichen Recherchearbeit, umfangreiche Plagiate in seiner Doktorarbeit nachgewiesen werden.

An den genannten Beispielen lässt sich erkennen, dass es unterschiedliche Intensitätsstufen von E-Partizipation gibt. Man kann sich informieren, sich an einer Abstimmung beteiligen, eine Petition unterschreiben oder selbst eine Initiative starten und Unterschriften im Internet sammeln.

Eigener Text nach:

Grimme-Institut. Gesellschaft für Medien, Bildung und Kultur mbH (Hrsg.): Im Blickpunkt: E-Partizipation, 2011, www.grimme-institut.de/imblickpunkt/pdf/imblickpunkt_e-partizipation.pdf (25.06.2013).

Ulrike Wagner: Jugendliche und die Bedeutung von Partizipation im Internet, in: Lars Gräßer und Friedrich Hagedorn (Hrsg.): Soziale und politische Teilhabe im Netz? E-Partizipation als Herausforderung, Düsseldorf/München: kopaed 2012, S. 69–82.

Bertelsmann Stiftung, Bundesministerium des Inneren, Deutscher Städte- und Gemeindebund, Freie und Hansestadt Hamburg (Hrsg.): Leitfaden Online-Konsultation. Praxisempfehlungen für die Einbeziehung der Bürgerinnen und Bürger über das Internet, www.bertelsmann-stiftung.de/cps/rde/xbcr/bst/xcms_bst_dms_31401__2.pdf (12.07.2013).“

(Aus: https://www.bpb.de/lernen/grafstat/partizipation-20/ am 30.11.2020)

Aufgaben:

1. **Erläutern Sie bitte in eigenen Worten, was Partizipation und besonders E-Partizipation bedeutet.**
2. **Überprüfen Sie nun, welche Bedeutung die moralische Urteilsfähigkeit für gelingende Partizipation haben kann.**
3. **Überlegen Sie nun, welche Zusammensetzung der Ebene der moralischen Urteilsfähigkeit Sie für gelingende Partizipation für am wünschenswertesten halten würden und warum.**

8.4 Verknüpfung von moralischer Urteilsfähigkeit und Lernen

Hierbei wird nun die philosophische Frage aufgeworfen, ob der Mensch per se gut ist oder zur Moral erzogen werden muss. Die philosophische Frage lautet nun, ob Moral erlernt werden muss.

Muss Moral erlernt werden?

Der Mensch ist Mensch durch Erziehung

Viele Philosophen haben darüber nachgedacht, ob der Mensch von Natur aus gut oder böse ist. Da kann ich nur lachen! Neun von zehn Menschen sind das, was sie sind – gut oder böse, brauchbar oder unnütz – aufgrund ihrer Erziehung. Es gibt keine festgeschriebene Natur des Menschen. Der Mensch gleicht bei Geburt vielmehr einem weißen Blatt Papier oder einem Stück Wachs. Beschrieben wird das Papier durch die Erfahrungen, geformt wird das Wachs durch das soziale Umfeld. Darum ist die Erziehung so wichtig. Je früher diese bewusste und zielgerichtete Formung des Menschen einsetzt, umso besser ist es. Dabei kommt es nicht nur darauf an, dem Kind das Wissen zu vermitteln, das es braucht, um sich in der Gesellschaft zurechtzufinden. Wichtig ist auch die körperliche Erziehung, denn ein gesunder Geist wohnt nur in einem gesunden Körper: Von Bedeutung ist nicht zuletzt die sittliche Bildung. Ein Kind soll schon so früh wie möglich mit den Verhaltensregeln vertraut gemacht werden, die in der Gesellschaft wichtig sind, damit sie ihm zur Gewohnheit werden.

John Locke

Ein Geschöpf, das erzogen werden muss

Der Mensch ist das einzige Geschöpf, das erzogen werden muss. Ein Tier ist schon alles durch seinen Instinkt. Der Mensch muss sich selbst einen Plan seines Verhaltens machen. Weil er aber nicht von Anfang an imstande ist, dies zu tun, sondern roh und unfertig auf die Welt kommt, bedarf er der Erziehung. Bei dieser unterscheidet man Wartung, Zucht und Bildung. Als Säugling ist der Mensch darauf angewiesen, dass seine Eltern ihn verpflegen und dafür sorgen, dass er seine Kräfte nicht zum eigenen und zum Schaden anderer einsetzt. Ich nenne das Wartung.
Als Zögling muss der Mensch vor allem Disziplin lernen. Sie nimmt ihm seine tierische Wildheit und verhütet, dass er sich unbesonnen in Gefahr begibt. Das ist der negative Teil der Erziehung. Der positive Teil der Erziehung besteht in der Unterweisung oder Bildung. Dadurch, dass der Mensch lernt, wie er sich in einer bestimmten Kultur angemessen zu verhalten hat, wird er ein kultiviertes Wesen. Vor allem dadurch unterscheidet er sich vom Tier, denn kein Tier lernt etwas von seinen Alten, ausgenommen die Vögel den Gesang.

Immanuel Kant

(Aus: Rolf. Bernd nach: Peters, Jörg: Der Arbeitsbegriff bei John Locke, Münster 1997, S. 208–211 und Locke, John: Gedanken über Erziehung, übers. von Wohlers, Heinz, Stuttgart 1970. S. 7 und 15 und Rolf, Bernd nach MV-Pädagogik Kant, Immanuel: Über Pädagogik, A1–10, in Kant: Werk in 10 Bänden, hrsg. von Weischedel, Wilhelm, Bd. 10, Darmstadt, Kohlhammer, 1983, S. 697–700)

Aufgaben:

1. **Geben Sie bitte die Position von John Locke oder Immanuel Kant in eigenen Worten kurz zusammengefasst wieder. (arbeitsteilig möglich)**
2. **Vergleichen Sie nun die beiden Positionen miteinander.**
3. **Beurteilen Sie nun vor dem Hintergrund Ihres Wissens zum Thema Moral und moralische Urteilsfähigkeit die Positionen und gelangen zu einem eigenen Standpunkt bezüglich der Frage, ob Moral erlernt werden muss.**

Viel Erfolg!!!

9. Alternative Dilemmata

9.1 Gestern im Kaufhaus

Gestern im Kaufhaus

>> *Sicher hast du dich auch schon über „Petzen" beschwert, die bei jeder Kleinigkeit zum Lehrer, zu den Eltern etc. rennen und andere anschwärzen; meist sogar, um sich selbst einen Vorteil zu verschaffen. Doch gibt es vielleicht auch Fälle, in denen es notwendig ist, zu „petzen"? Und ist es überhaupt noch „petzen", wenn man einfach verpflichtet ist, einen Vorfall zu melden?*

Sandra und **Dennis** waren schon seit ewigen Zeiten befreundet. Sie gingen seit der Grundschule in eine Klasse, hatten zusammen Schwimmen gelernt, lasen dieselben Bücher und mochten dieselbe Musik. Die beiden konnten sich stundenlang über die Vor- und Nachteile der Verfilmung des „Herrn der Ringe" unterhalten, und es macht ihnen nicht das Geringste aus, wenn ihre Mitschüler sie deshalb für das schrägste Paar der gesamten Mittelstufe hielten. Dennis zuliebe war Sandra sogar Fan des DSC Arminia Bielefeld geworden, er begleitete sie dafür auf ihren ausgiebigen Einkaufsstreifzügen am Wochenende.

Bei einem dieser Bummel landeten sie im CD-Geschäft von Sandras Cousine. Sie hörten sich durch die neusten Soul-CDs und wählten schließlich die zwei besten aus. Sandra ging zur Kasse, um ihre zu bezahlen. Während sie im Portmonee nach Kleingeld suchte, unterhielt sie sich mit ihrer Cousine über ihre Geburtstagsparty am nächsten Wochenende.

Als sie fertig war, drehte sie sich um und glaubte, ihren Augen nicht trauen zu können: Sie sah, wie Dennis eine CD unauffällig in seiner Jackentasche verschwinden ließ.

(Aus: Piel, Inga: Wie soll ich mich entscheiden? Dilemmageschichten mit Arbeitsanregungen für Jugendliche. Mülheim, Verlag an der Ruhr 2009, S. 32)

9.2 Die einsame Insel

Die einsame Insel

>> Es gibt Fälle, in denen man den Befehlen seines Vorgesetzten folgen muss, und Fälle, in denen man sie zumindest anzweifeln sollte.

Vor mehreren hundert Jahren war bei einem Schiffsunglück in der Karibik der englische Schoner „Victory" mit Mann und Maus nach einem Angriff der spanischen Flotte gesunken. Nur drei Seeleute konnten sich retten: der Erste Offizier, Leutnant **Christian Fletcher**, der Matrose **John Hawkins** und der Schiffsjunge, der nur **Simple Peter** genannt wurde.
Alle drei wurden auf einer einsamen Insel angespült. Außer ihrem nackten Leben hatten sie nichts weiter retten können. Die Insel stellt sich als ein etwas größerer Felsen heraus, nicht größer als ein englisches Dorf. Innerhalb eines Tages hatten sie ihre vorläufige Heimat erkundet.

Es stellt sich heraus, dass es einen recht großen Teich gab, der mit Frischwasser befüllt war, ein paar Büsche wuchsen am Ufer. Ansonsten gab es nur Felsen, die mir Gras und Moos bewachsen waren. In den ersten Tagen waren die drei Schiffbrüchigen voller Hoffnung, dass bald jemand zu ihrer Rettung kommen würde. Sie beschäftigen sich damit, mit Hilfe einiger angespülter Gegenstände, darunter ein großes Messer und einige Holzplanken, ein notdürftiges Lager in der Nähe des Teichs zu errichten. Außerdem sammelten sie trockene Zweige und Gräser, damit sie ein Signalfeuer entfachen könnten, sobald sich ein Segel am Horizont zeigen würde. Die Tage vergingen, ihre Hoffnung schwand, und ihre Situation wurde immer verzweifelter: Ohne Vorräte würden sie bald verhungern. Das bisschen, was angespült wurde, reichte höchstens für eine Woche. Tiere, die man jagen konnte, gab es nicht, und Fische hatten sie auch keine fangen können. Eines Nachts kam Christian Fletcher zum Matrosen, reichte ihm das Messer und sagte: „Als dein vorgesetzter Offizier befehle ich dir: Bring den Schiffsjungen um. Zu zweit haben wir eine Chance zu überleben, zu dritt nicht. Also los!"

Der Matrose starrte auf das Messer...

(Aus: Piel, Inga: Wie soll ich mich entscheiden? Dilemmageschichten mit Arbeitsanregungen für Jugendliche. Mülheim, Verlag an der Ruhr 2009, S. 79)

9.3 Es gibt kein zurück mehr

Globalisierung

Es gibt kein Zurück mehr

Von **Daniel Mohr**

„Es wird heutzutage wieder besonders viel auf die Globalisierung geschimpft. Sie hat uns dieses Coronavirus beschert, ruiniert die Umwelt, beutet die armen Länder aus, und wenn man mal plötzlich Abermillionen Masken braucht, schafft die Globalisierung sie noch nicht einmal sofort herbei. Kurzum: ein komplettes Versagen. Wer der Argumentation folgt, muss jedoch bis zur Keimzelle der Globalisierung zurückgehen, dem Beginn der Arbeitsteilung. Wer sie ablehnt, muss Selbstversorger werden. Nur so ist er unabhängig von anderen, und es muss nichts mehr transportiert werden. Alle Lebensmittel werden selbst angebaut und gejagt, Kleidung aus Baumwolle vom eigenen Strauch genäht, Haus und Möbel aus selbstgeschlagenem Holz gebaut. Das klingt wildromantisch. Doch in dieser Welt, wie sie vor einigen tausend Jahren Realität war, betrug die Lebenserwartung Jahrzehnte weniger als heute. Die Menschen wurden schneller krank, starben früher, und das Leben war mühsam und oft qualvoll. Wer die Arbeitsteilung ablehnt, muss sagen, wo er damit anfangen will. Muss alles im eigenen Ort produziert werden? Oder im eigenen Landkreis? Oder im Nationalstaat? Oder wenigstens in Europa? Wer will festlegen, was zulässig ist und was nicht? Die historischen Erfahrungen planwirtschaftlicher Wirtschaftssysteme gingen mit erheblichen Wohlstandsverlusten einher. Eine Volkswirtschaft mit 82 Millionen Konsumenten und Hunderttausenden Unternehmen lässt sich nicht so einfach zentral steuern. Unser Wohlstand ist deshalb so hoch wie nie zuvor, weil wir Unternehmen die Freiheit lassen, selbst zu entscheiden, bei wem sie Vorprodukte einkaufen und wo sie produzieren. Nur so kommt das Optimum heraus – das beste Preis-Leistungs-Verhältnis der Produkte. Die Staaten selbst sollten sich auf Rahmenbedingungen beschränken: Rechtssicherheit, möglichst globale Richtlinien für Umwelt- und Arbeitsschutz. Wären die Bedingungen für die Pharmaindustrie in Deutschland nicht jahrelang verschlechtert werden, würden hierzulande wesentlich mehr Medikamente hergestellt. Durch Corona werden manche Unternehmen die Zuverlässigkeit ihrer Lieferketten neu bewerten. Das wird Globalisierung verändern. Aber am Kern der internationalen Arbeitsteilung wird sich nichts ändern. Denn letztlich will jeder Gesundheit und Wohlstand, nicht zurück in die Steinzeit.“

(Siehe Seite 39 im Lehrer*innenband)

FRANKFURTER ALLGEMEINE WOCHE 22/2020

9.4 Der schwere Abschied vom Konsum

Massenarbeitslosigkeit

Der schwere Abschied vom Konsum

Von **Daniel Mohr**

„Unser Lebensstil ist sicher nicht perfekt. Gerade für die Umwelt. Shopping – Wochenende in Stockholm. Unfassbare Mengen Plastikspielzeug für die Kinder. Müllberge nach dem Besuch bei McDonald's. Von allem immer mehr und mehr. Ein Leben im Überfluss. Eine Wegwerfgesellschaft. Die Stichworte sind alle längst bekannt. Ein Umdenken erfolgt trotzdem nicht. Insofern ist Corona ein Einschnitt. Es zeigt, was passiert, wenn es zu dem so häufig geforderten Konsumverzicht kommt. Die Arbeitslosigkeit schnellt in die Höhe. Ein paar Wochen weniger Autofahren, weniger Restaurant- und Kinobesuche, weniger Urlaub, Freizeitparks und Konsumrausch reichen aus, um Millionen Arbeitsplätze mindestens in Gefahr zu bringen, wenn nicht gar ganz zu vernichten. Alle, die freitags für das Klima und unsere Zukunft demonstrieren und den Verzicht predigen, sie müssen auch auf die sozialen Fragen eine Antwort finden. Das Auto mag man ja blöd finden, als tödliche Waffe bezeichnen und als Umweltkiller. Wer es aber mit einem Federstrich vernichten will, bringt Hunderttausende Familien in Nöte. Die wiederum werden vorerst nicht in den Urlaub fahren; kleinere Geschenke kaufen, weniger essen gehen und so weiter. Alles nicht so schlimm, könnte man sagen, Stichwort Überflussgesellschaft. Und auch im Sinne des Klimas. Aber die Abwärtsspirale im Konsum kostet weitere Arbeitsplätze. Und nicht nur das. Die Steuereinnahmen sinken und damit die Möglichkeit des Staates, soziale Härten aufzufangen.

Der Hinweis der jungen Generation, an die Zukunft und das Klima zu denken, ist richtig und wichtig. Die Corona-Krise zeigt aber auch, dass sich der Schalter nicht so leicht umlegen lassen wird. Zu sehr hängt unser Wohlstand an jahrelang eingeübten Konsumgewohnheiten. Der Umbau der Volkswirtschaft wird lange dauern. Und er wird nicht ohne Friktionen ablaufen. Wollen die Klimaretter den Vorwurf entkräften, sich in abgehobenen Wohlstandssphären zu bewegen, müssen sie diese Friktionen thematisieren. Sonst wird der Wandel nicht mehrheitsfähig sein. Auf dem Weg in eine umweltfreundliche, moderne Digitalgesellschaft alle mitzunehmen wird die große Herausforderung der nächsten Jahre."

(Siehe Seite 39 im Lehrer*innenband)

FRANKFURTER ALLGEMEINE WOCHE 24/2020

9.5 Merkt doch keiner

„Merkt doch keiner

>> Häufig wird ein Dilemma dadurch verkompliziert, dass die Chance besteht, dass eine negative Handlung möglicherweise nicht entdeckt wird.

Paul übernachtet an diesem Wochenende bei seinem Freund **Arne.** Sie unterhalten sich über interessante Internet-Seiten, und Paul berichtet von einigen Cartoons, die er auf YouTube gesehen hat. Er redet immer begeisterter davon und schlägt Arne vor, ihm entsprechende Filme zu zeigen. Arne hat jedoch keinen eigenen Rechner mit Internet – Verbindung. Sein Vater jedoch schon. Der ist allerdings nicht zu Hause, und ohne ihn zu fragen, darf er den Computer nicht benutzen. Doch Paul drängt ihn immer weiter. Ehe der Vater wieder zu Hause ist, seien sie schon längst fertig- Doch Arne weiß, dass sein Vater immer mal wieder checkt, welche Seiten als Letztes aufgerufen werden.“

(Aus: Piel, Inga: Wie soll ich mich entscheiden? Dilemmageschichten mit Arbeitsanregungen für Jugendliche. Mülheim, Verlag an der Ruhr 2009, S. 28)

9.6 Von zu Hause abgehauen

Von zu Hause abgehauen

„Maike starrt auf den leeren Platz im Klassenraum. Nun hat Judith es also tatsächlich wahrgemacht und ist von zu Hause abgehauen. Maike ist die Einzige, die es weiß. Sie kann sich sogar genau ausmalen, wo ihre beste Freundin jetzt ist. Gestern Mittag auf dem Heimweg von der Schule hat sie es ihr anvertraut: „Das Geld in meinem Sparschwein hat gerade gereicht für die Zugfahrkarte – ich fahre nach Amsterdam, in die Freiheit!"

Den ganzen Morgen kann Maike sich nicht auf den Unterricht konzentrieren; immerzu muss sie an Judith denken. Seit der Grundschule sind sie schon befreundet, teilen alle Interessen und Geheimnisse und vertrauen einander bedingungslos. Judith geht bei Maikes Eltern ein und aus, ebenso Maike bei Judiths Eltern. Aber dorthin geht Maike nicht gerne. Sie hat Angst vor Judiths Vater, der schon bei kleinen Verstößen unkontrollierte Wutausbrüche bekommt. Maike weiß, dass Judith sogar geschlagen wird. Das war auch beim ersten Mal so, als Judith versucht hat, abzuhauen. Als man sie zurückbrachte, hat der Vater den Polizeibeamten versprochen, Verständnis für seine Tochter zu haben. Am nächsten Tag in der Schultoilette hat Judith weinend Maike die blauen Striemen gezeigt, die das Kennzeichen ihres „verständnisvollen" Vaters waren. Er hat Judith angedroht, sie bei einem erneuten Versuch in ein Erziehungsheim zu stecken.

„Amsterdam", denkt Maike und ihr fällt ein, was sie vor Kurzem über diese Stadt gelesen hat. Dort kann jeder ziemlich einfach an Drogen kommen. Judith hat ihr einmal erzählt, dass sie ein Haschischplätzchen probiert habe, und sie hat die Wirkung als „die ganz große Freiheit" beschrieben. Als Maike am Mittag nach Hause kommt, blinkt der Anrufbeantworter. Ihre Eltern sind beide berufstätig und kommen erst am Abend. Maike hört die Nachricht ab. Es ist Judiths Mutter, deren Stimme ganz verweint klingt. „Maike, wir haben Judiths Brief gefunden und wissen, dass sie wieder fortgelaufen ist. Hoffentlich weißt du wo sie genau ist – sag uns bitte Bescheid. Mein Mann sagt, wenn wir im Laufe des Nachmittags nichts von dir hören, wird er die Polizei alarmieren, die sie bestimmt findet. Bitte ruf an!" Maike steht da und starrt das Telefon an. Judiths letzter Satz von gestern klingt ihr in den Ohren: „Falls du redest, bist du schuld, wenn ich ins Erziehungsheim komme."

Soll Maike reden?"

Argumentationsmuster und Werthierarchie

Die am häufigsten genannten Begründungen für eine der beiden Entscheidungsmöglichkeiten sind die folgenden:

Ja

- Judith ist gefährdet in der fremden Stadt und durch Drogen

➔ Leben
➔ Gesundheit
➔ körperliches Wohl

- Judiths Mutter sorgt sich.

➔ Liebe

- Wenn Judith etwas passiert, ist Maike verantwortlich

➔ Gewissen
➔ Schuldlosigkeit
➔ Seelenruhe

- Es wäre unangenehm für Judith, von der Polizei aufgegriffen zu werden.

➔ Wahrheit

Nein

- Judith ist Maikes Freundin; gleichgültig, was sie getan hat.

➔ Solidarität

- Judith hat sich Maike anvertraut; dieses Vertrauen darf nicht missbraucht werden.

➔ Seelenruhe
➔ Ehre

- Judith muss vor den Schlägen oder dem Erziehungsheim bewahrt werden.

➔ körperliches Wohl
➔ Freiheit vs. Schmerz

- Judith hat das Recht auf ihre eigenen Erfahrungen.

➔ Selbstbestimmung
➔ Autonomie

- Judiths Vater hält sich nicht an Versprechungen.

➔ Gerechtigkeit
➔ Wahrheit

Argumentationsmuster auf den verschiedenen Stufen

In dem von Kohlberg entwickelten Stufenschema lassen sich die Argumente folgendermaßen anordnen, sodass anhand der Hierarchie, nach der eine Lerngruppe ihre Argumente ordnet, der Standort in der moralischen Entwicklung der Schüler*innen ablesbar wird.

Stufe 1, präkonventionelle Ebene:

Orientierung an Strafe und Gehorsam

- Wenn ich rede, wird Judith bestraft.
- Meine Eltern würden mein Schweigen missbilligen.

Stufe 2, präkonventionelle Ebene:

Orientierung an der eigenen Bedürfnisbefriedigung

- Wenn ich Judith jetzt nicht verrate, ist sie mir demnächst auch einmal einen Gefallen schuldig.
- Ich weiß von nichts – sonst bekomme ich womöglich noch selbst Ärger.

Stufe 3, konventionelle Ebene:

Orientierung am Gewinn eines positiven Selbstbildes

- Man haut nicht einfach von zu Hause ab – also muss ich reden.
- Meine Eltern werden stolz auf mich sein, wenn ich Judiths Aufenthaltsort preisgebe.
- Ich darf Judiths Vertrauen nicht missbrauchen – sie wird mich sonst verachten.

Stufe 4, konventionelle Ebene:

Orientierung an Recht und Gesetz

- Die Eltern sind nun einmal die Erziehungsberechtigten, deshalb müssen sie wissen, wo ihr Kind sich aufhält.
- Es ist verboten, Drogen zu nehmen.

Stufe 5/6 postkonventionelle Ebene:

5. Orientierung am Prinzip der Gerechtigkeit für alle

6. Orientierung an universellen ethischen Prinzipien

- Auch wenn Judith Verbotenes tut – ich muss sie vor ihrem brutalen Vater schützen.
- Vertrauen in einer Freundschaft ist wichtig, aber Judith vor möglichen Gefahren zu schützen, ist wichtiger.

Aus der folgenden Übersicht wird deutlich, dass die Schwerpunktesetzung in der Hierarchisierung der Argumente mit dem Übergang von der Kindheit in die Jugend eine deutlich andere wird: Die Orientierung an den Eltern und den von ihnen vermittelten Werten tritt in den Hintergrund zugunsten von neuen Bindungen und Beziehungen, denen ein modifiziertes Wertesystem unterlegt wird. Ähnlich wie bei der biologischen Reifung haben auch in der moralischen Entwicklung die Mädchen zeitweise einen Vorsprung vor den Jungen.

Dilemmageschichte „Von zu Hause abgehauen“

Klasse 6: 5 Jungen / 12 Mädchen

	J	M
reden	5	7
schweigen		5

Werthierarchie:

1. Leben
2. Gesundheit
3. Wahrheit
4. Solidarität

Klasse 7: 18 Jungen / 10 Mädchen

	J	M
reden	10	4
schweigen	8	6

1. Leben
2. Gerechtigkeit
3. Wahrheit

Klasse 8: 15 Jungen / 12 Mädchen

	J	M
reden	4	3
schweigen	11	9

1. Solidarität
2. Gerechtigkeit
3. Gesundheit

(Mutzbauer, Monica: Dilemmageschichten, Ethik Jahrgangsstufe 5–10, Bayrischer Schulbuchverlag, München,Stuttgart, 2006, S. 7–9 für „Von zu Hause abgehauen“ und S. 10–11 für „Ein freundliches Angebot“)

9.7 Ein freundliches Angebot

„An der Schule der vierzehnjährigen Irina gibt es seit diesem Jahr ein Streitschlichterprojekt. Dabei werden Schüler*innen dazu angeleitet, Streitigkeiten unter ihren Mitschüler*innen unparteiisch zu schlichten und gemeinsam mit den „Streithähnen" zu einer Lösung zu kommen, ohne dass ein/eine Lehrer/Lehrerin eingreifen muss. Irina findet diese Idee gut und meldet sich zur Ausbildung als Streitschlichterin. Das vorbereitende Training findet an einem Nachmittag in einer zehn Kilometer entfernten Jugendfreizeitstätte statt. Irina freut sich, als sie erfährt, dass auch der sechzehnjährige Mischa aus der 10. Klasse diese Ausbildung machen wird. Sie mag Mischa und würde gerne seine Freundin werden. Als er am Tag vor dem Training auf den Schulhof kommt und ihr vorschlägt, den Weg zur Tagesstätte gemeinsam mit dem Fahrrad zurückzulegen, sieht sie sich schon am Ziel ihrer Träume und sagt begeistert zu. Am Abend vor der Veranstaltung ruft der Vater ihrer Freundin Leonie, die auch teilnehmen wird, bei Irina zu Hause an. „Ich habe morgen Nachmittag frei", sagt er, „ich werde Leonie zu der Veranstaltung fahren und auch wieder abholen. Da kann ich dich auch mitnehmen. Wir warten um 14 Uhr mit dem Auto bei euch vor dem Haus." Irina bedankt sich höflich, sagt aber, dass sie mit dem Fahrrad dorthin fährt. „So ein Unsinn", entgegnet Leonies Vater, „dann musst du ja am Abend bei Kälte und Dunkelheit zurückradeln! Ich habe das bereits mit deinen Eltern besprochen – sie sind unbedingt dafür, dass du mit uns kommst. Deine Mutter meinte zwar, du könntest mit deinem Kameraden zusammen hinfahren, wenn du Spaß daran hast. Allerdings geht das nicht, denn dein Fahrrad kann ich in meinem Auto nicht unterbringen. Also dann – bis morgen Mittag um zwei!"

Soll Irina das Angebot von Leonies Vater annehmen oder auf ihrer Verabredung mit Mischa bestehen?

Irina nimmt das Angebot an.

- Es ist sicherer, mit dem Auto abgeholt zu werden, als im Dunkeln mit dem Rad unterwegs zu sein.
➔ Leben
➔ Gesundheit

- Es ist nicht richtig, ein höfliches Angebot abzulehnen.
➔ Freundlichkeit

- Die Eltern wären beruhigt, wenn Irina mit Leonie fahren würde.
➔ Seelenruhe
➔ Gewissen

- Es wird weitere Möglichkeiten geben, Mischa zu treffen.
➔ Einsicht

Irina lehnt das Angebot ab

- Aus der Radfahrt könnte die gewünschte Beziehung mit Mischa entstehen.
➔ Liebe

- Irina ist alt genug, über diese Sache selbst zu entscheiden.
➔ Autonomie

- Ihr ist die Fahrt mit Mischa lieber als mit Leonies Vater.
➔ Wahrheit

- Wenn Mischa in der Kälte und der Dunkelheit mit dem Rad fährt, kann Irina das auch.
➔ Solidarität

Zuordnung zu den Stufen

Stufe 1, präkonventionelle Ebene:

Orientierung an Strafe und Gehorsam

Wenn Irina die bequeme Autofahrt vorzieht, wird Mischa sie nicht als Freundin haben wollen.

Stufe 2, präkonventionelle Ebene:

Orientierung an der eigenen Bedürfnisbefriedigung

Irina hat Lust, die Radfahrt mit Mischa zu machen, also kann sie es auch tun.

Stufe 3, konventionelle Ebene:

Orientierung am Gewinn eines positiven Selbstbildes

- Leonies Vater hat Irina die Autofahrt aus Freundlichkeit angeboten, also muss sie auch darauf eingehen.
- Mischa möchte, dass Irina ihn auf dem Rad begleitet, also darf sie ihn nicht enttäuschen.

Stufe 4, konventionelle Ebene:

Orientierung an Recht und Gesetz

- Es ist vernünftiger, die Strecke im Auto zurückzulegen, vor allem abends im Dunkeln.
- Irinas Eltern würden sich unnötig sorgen, wenn sie auf der Radtour bestünde.

Stufe 5, postkonventionelle Ebene:

5. Orientierung am Prinzip der Gerechtigkeit für alle

Als zukünftige Streitschlichterin sollte Irina selbst keinen Streit provozieren und das Angebot annehmen.

(aus: Mutzbauer, Monica: Dilemmageschichten. Ethik Jahrgangsstufe 5–10. Stuttgart, Kohlhammer, 2006, S. 7–11)